子どもを伸ばす親の力

親野智可等

装画・イラスト／紙野夏紀

まえがき

子育てに奮闘中のすべての同志たちへ

親による児童虐待や親子間の殺傷事件など、悲しいニュースが頻発しています。このような事件の背景には、現代の家庭が抱える親子問題の深刻さがあります。社会の宝であるはずの次世代の子どもたちは、心に大きな問題を抱え、傷つき、さまよっています。彼らの心の叫びを受け止めるべきはずの親たちもまた、助けを必要としているのではないでしょうか。

核家族化が進み、地域のつながりが希薄化している社会の中にあって、子育てに悩む親たちには、わかりやすく、確かな子育てのガイドラインが必要とされています。たとえば、パソコンを使ったことのない人が、マニュアルなしでパソコンを操作できるでしょうか。パソコンを実際に触りながら経験を通してマスターします、と言っても、それをマスターするには途方もない時間が必要となることでしょう。子育てもそうです。試行錯誤しているうちに、気がついたら子どもたちは成人し、親の手の届かないところにまで行ってしまうのです。

本書は、子育てに悩む親たちにとっての励ましに満ちたマニュアルであり、日々子育てに奮闘している方々へのエールを送る希望の書です。筆者も中学生と小学生の子どもを持つ二児の父親ですが、著者・親野智可等《ちから》先生のメッセージに励まされた者の一人です。「親が楽になれば、子どもが幸せになります。まず、親が楽になって、楽しく子育てすることが大切です」と言われる親野先生のメッセージは、教育現場の最前線での豊富な経験と知見を通して発信される子育ての具体的なアイディアの宝庫であり、「子育てって楽しいんだ」と気づかせてくれるワクワクするような宝箱です。

一方で、本書は、子育てにたずさわる側に対して、本質的な問題にメスを入れます。「表の教育は失敗しても裏の教育はいつも成功します。なぜなら、子どもは親の言うことは聞かないけど、することはまねるからです」（第1章「表の教育は失敗し、裏の教育は成功する」より）。「親は自分に厳しくなることが大切です。それが子どもの成長を願う親の優しさでもあります」（同「本当の厳しさは確実に見届けること」より）。

これは単なる「子育てのマニュアル本」ではなく、親である私たちの人間としての生き方をもう一度見つめ直す「親育ての本」でもあるのです。子どもと向き合うとき、親は自分の弱さという現実を突きつけられます。そんなとき、本書を何度も何度も読み返しながら、自分自身を励ますことができるでしょう。同時に、読者の皆様が、子どもと共に親も成長する子育ての喜びを味わっていかれることを願います。子育て中の方々ばかりではなく、これから親になる世代の方々や教育関係者などにも本書を幅広く用いていただければ幸いです。

なお本書は、月刊誌『サインズ・オブ・ザ・タイムズ』に二〇一四年から一六年まで三年間連載したものをまとめたものです。

二〇一六年十月

福音社編集長　花田憲彦

子どもを伸ばす親の力【目次】

第2章　子どもをやる気にさせる勉強の仕方と学び方

第3章　気になる子どもの生活へのまなざし

第1章

わが子への接し方と親の心構え

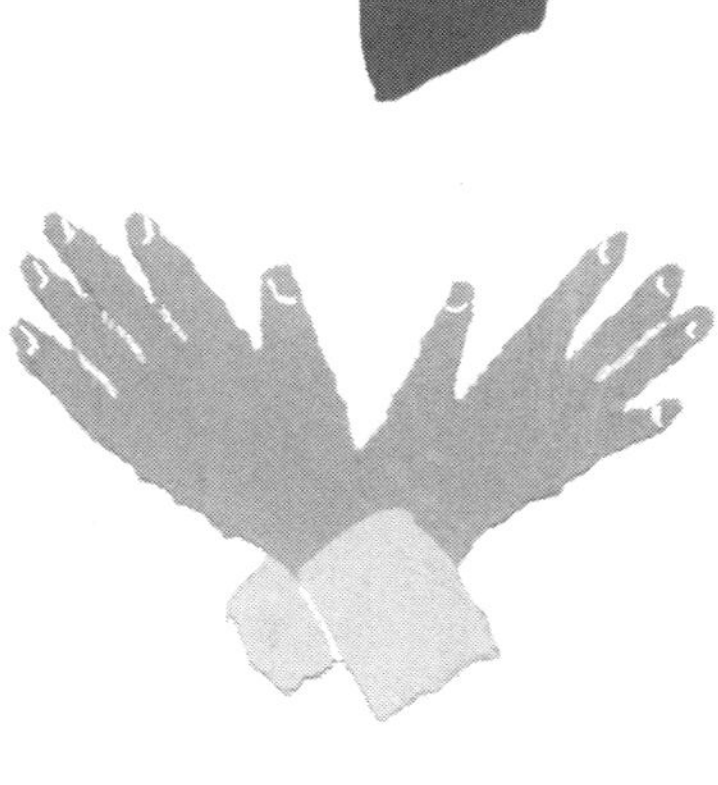

ほめれば伸びる子どもの力

教師生活の結論

私は小学校の教師として二十三年間務め、その間ずっと学級担任をしてきました。一年生から六年生まで、どの学年もほぼ万遍なく受け持つことができ、担任として受け持った子どもの数は六〇〇人以上になります。

その経験を通して、私は一つの結論に達しました。それは、子どもを伸ばすにはほめるのが一番だということです。ほめる親や先生だけが、子どもを伸ばすことができるのです。ほめるのが下手な親や先生は、決して子どもを伸ばすことができません。

ほめられると自信がつく

ほめることによってもたらされる良い効果はたくさんあります。

まず一つめとして、子どもは何か一つのことでほめられると、自分に自信がつきます。

つまり、自己肯定感が持てるようになるのです。すると、他のことでもできそうな気がしてきます。

遊びでも勉強でも、その他何でも、「できるはずだ。やってみよう」「チャレンジしてみよう」という意欲が出てくるのです。また、実際にやってみたとき、ちょっとした壁があっても「できるはずだ」と思えるので、がんばって乗り越えることができます。

このようなチャレンジ精神、向上心、努力、根性など、人間が伸びていく上で大切なすべての良いものは、自分を信じる気持ち、つまり自己肯定感がもとになって生まれてきます。

これとは反対に、自己肯定感がない子は、まず、何かにつけ、「やれそう」と思えません。「どうせ自分にはできない」「自分には無理」という気持ちが先に来てしまうので、チャレンジしなくなります。たとえ取り組んだとしても、ちょっと壁に当たると、「やっぱりダメだった」となってやめてしまいがちです。

まさに、自己肯定感こそが成長のための必要不可欠の要素なのです。そして、それを育てるのに一番いいのがほめることなのです。

親の愛情が実感できる

次は、ほめることによってもたらされる効果の二つめです。子どもはほめてくれる相手に対して、必ず良い感情を持ちます。「お母さんはぼくのことを認めてくれている」「お父さんは私のことをよく思ってくれている」「自分のことを大切に思ってくれている。愛してくれている」。このように思えるようになるのです。つまり、親の愛情を実感できるのです。親の愛情を実感できている子は、ますますがんばるエネルギーがわいてきます。

また、自分を愛してくれている親に対して素直な気持ちになることができます。親の言葉にも素直に耳を傾けるようになりますし、約束も守るようになります。

反対に、子どもは常に否定的に叱ってくる相手に対して、必ず不信の気持ちを持つようになります。「お母さんは、ぼくがダメな子だと思っているんだ」「お父さんは私のことをよく思っていないんだ」「自分のことが嫌いなのかも。自分は愛されていないようだ」。このように思うようになるのです。すると、子どもは親に対して素直になれなくなります。親が何か言っても、わざと反対のことをするようになります。

また、親に対する不信感・愛情不足感を持つと、子どもは愛情を実感したいという衝動に駆られます。すると、危険な行動や反社会的な行動に走ります。それによって、親が心配する姿を見て、「ほら、こんなに心配してくれている。やっぱり、愛されているんだ。よかった」と思いたいのです。

もちろん、そんなことを意図的にやるのではありません。満たされない不安と不満の気持ちがマグマのようになって、無意識のうちに子どもを駆り立ててしまうのです。

兄弟や友だちにも優しくなれる

最後に、ほめることによってもたらされる効果の三つめです。

子どもはほめられて親の愛情を実感すると、心がぽかぽかしてきて温かい気持ちになります。自分の心が満たされているので、兄弟や友だちにも温かい気持ちで優しく親切に接することができるようになります。

それとは反対に、叱られることの多い子は、心がとげとげしています。そして、そのストレスを兄弟や友だちに向けるようになります。けんかをふっかけたり、自分より弱い子をいじめたりということにつながります。

このように、ほめる効果は絶大です。子どもを一つほめるだけで、たくさんのいい循環が起こるのです。ですから、私はすべての親や先生が、もっともっと子どもをほめるようになってほしいと思います。

そして、ここまで書いてきたことは子どもとの関係だけでなく、すべての人間関係に言えることです。家庭では妻や夫に、そしておじいちゃんやおばあちゃんに対して、もっと感謝したりほめたりしましょう。職場では、部下や同僚に、そして上司に対しても、温かく肯定的な言葉を贈りましょう。

心で思っているだけでは伝わりません。実際に言葉に表して伝える努力をしましょう。今日の一期一会を大切にして参りましょう。

「まずは共感！」に徹すると、親への信頼感が育つ

子どもの話を門前払いする親たち

子どもが何か言ったとき、親はすぐに「ノー」を突きつけます。特に、親にとって不都合なことを言ったときは必ずそうなります。

例えば、子どもが「習い事をやめたい」と言ったとき、すぐ「何言ってるの。やめちゃダメよ」とか「〇年生まで続ける約束でしょ」などと言ってしまいます。でも、これだと、子どもは自分の気持ちの持って行き場がなくなり、一人で思い悩みながらストレスを抱え続けることになります。

こういうとき、まずは子どもの気持ちを共感的に聞いてあげることが大切です。「どうしたの？」「だって、〇〇なんだもん」「そうなんだ。それはイヤだね」「それに、〇〇なんだよ」「う～ん、そうかあ、それは大変だね」というようにです。

すると、子どもは安心して何でも話すことができます。そして、心の中にため込んでいたものをすべて吐き出し、すっきりします。それによって、気持ちが軽くなり、がんばるエネルギーが湧いてきて、「もう少しやってみるよ」となることもあります。

もちろんそうならないこともありますが、その場合も問題点がはっきりします。つまり、「友だちとうまくいかないのが原因だな」「先生と馬が合わないんだ」「遠すぎて通うのが大変なんだ」「レベルが合わないようだ」「他にやりたいことがあるんだな」というように、はっきりしてくるのです。すると、どうすればいいかが自然に見えてきたり、あるいは、親子一緒に問題の解決方法を考えたりすることもできます。

共感の後でハードルを下げてうながす

また、例えば、子どもが「疲れた。宿題やりたくない」と言ったとき、親はつい「何言ってるの。ちゃんとやらなきゃダメでしょ」と言ってしまいます。世界中を探しても、これでやる気が出る子はいません。それどころか、不愉快になってますますやる気がなくなるだけです。

こういう場合も、まずは共感的に聞いてあげてください。「疲れてるんだね」「そうだよ。部活もあって塾もあって大変だよ」「……大変だね」「塾の宿題もあるんだよ」「……

あなたも忙しいね」というようにです。

共感的に聞いてもらえると、子どもは自分がどれくらい大変か、親にわかってもらえたと感じることができます。すると、気持ちが安らぎます。

その後、しばらくしてから頃合いを見計らって、「そうは言っても、少しだけやっておこうか」など、ちょっと水を向けてみます。子どももやらなければという気はありますので、「しょうがない。やるか」となる可能性が高まります。

このとき、「ちょっとだけ……」「半分だけ……」「少しだけ……」と言ってあげると、取りかかりのハードルが下がります。あるいは、小さい子だったら「ママも手伝ってあげるから」「一緒にやろう」という言葉も効果的です。

実際にこの方法を使っているお母さんによると、このひと言が、かなり効果があるそうです。そして、はじめの一、二問は手伝うことがあっても、エンジンがかかってくれば、その後は自分でやることが多いそうです。

言いたいことは最後に言う

子どもが「◯◯が欲しい」と言ったときも、まずは共感的に聞きましょう。そして、どうしても買えないときは、最後に、「でも、この前□□を買ったばかりだから無理だよ」と断るようにします。

兄弟ゲンカのときも、一緒のところでなく別々のところで、まずは各自の言い分を共感的に聞きましょう。そして、最後に、「自分にはいけないところなかった?」と聞くと、素直に反省することができます。

これに心がけていると、子どもは、「お父さん、お母さんはぼくの気持ちをわかってくれる」「受け入れてくれる。味方になってくれる」と感じることができます。親の愛情を実感できるようになるのです。

すると、親を信頼して何でも話せるようになりますし、ウソをつく必要もなくなります。親に対して素直な気持ちになれますし、不必要なわがままも言わなくなります。

反対に、親が共感的に聞かない場合、子どもは「何を言ってもムダだ。言っても叱られるだけだから、言わない方がマシだ」「お父さん、お母さんはぼくの気持ちをわかってくれない。ぼくの気持ちなんかどうでもいいんだ。大切に思ってくれていないんだ」と感じるようになります。親の愛情を実感できなくなってしまうのです。

すべての人間関係で共感を最優先にしよう

こういったことは、親子のみならず、大人同士も含めてすべての人間関係に言えることです。私は、共感を最優先にする人間関係が世界中に広がってほしいと思います。

テクニック的にそうするだけでなく、心から相手の気持ちを受け入れて許せるといいですね。なぜなら、どの人にもそれなりの理由があってそのように言ったり、そのように行動したりしているからです。

みんな、やむにやまれぬ、そうならざるを得ない理由があるのです。ただ、こちらがそれを理解する能力に欠けているだけなのです。自分が至らないだけのことなのですから、相手を責めるのはお門違いなのです。

「比べない」ことが大切

親が必ずかかる「比べる病」

親はいつの間にか子どもを比べています。近所の子と比べ、クラスの子と比べ、兄弟と比べています。ときには、自分が子どもの頃と比べてしまうこともあります。あるいは、本や雑誌に出ている「○歳までに○○を」とか「○年生では○○ができるように」などという情報と比べてしまうこともあります。

もしかしたら、「私は比べていない」という人がいるかもしれません。でも、それは本人が気づいていないだけだと思います。本当は無意識のうちに比べていて、比べていることすら気づいていないというのが一番心配です。

この比べるという行為は、すべての親が必ずかかる一種の病気のようなもので、「比べる病」と呼ぶべきものです。どうしてもよその子は良く見え、わが子はみすぼらしく見えます。なぜなら、隣の芝生は常に青く見えるものだからです。身体が小さい、いつまでも乳離れしないから始まって、言葉が遅い、運動が苦手、勉強ができないなど、いつまでたっても続きます。

兄弟で比べるのは絶対NG

中でも一番よくないのは兄弟で比べることです。例えば、「妹はできるのに、お兄ちゃんのあなたがなぜできないの？」「お姉ちゃんはちゃんとできてるよ。あなたもがんばらなきゃダメでしょ」などの言い方です。

子どもにとってこのような言葉ほど苦痛なものはありません。親は子どもを発憤させようとして言うのでしょうが、すべて逆効果です。これでやる気が出る子などいません。それどころか、「どうせぼくなんかダメだよ」と感じてしまい、ますますやる気がなくなってしまうのがオチです。

さらには、「ぼくは妹みたいに良く思われていないようだ。お母さんはぼくのことが嫌いなのかも」と感じて、親の愛情を疑うようになります。すると、ますます素直にがんばる気持ちがなくなってしまいます。兄弟仲が悪くなるということも起こり得ます。親の不公平な態度が、兄弟仲を悪くさせてしまうからです。

促成栽培より大器晩成

子どもはみな十人十色、百人百様です。どの子にも、生まれ持ったオリジナルな成長ペースというものがあるのです。これは兄弟でもまったく違います。ですから、子どもを比べて「早い」とか「遅い」などと、一喜一憂する必要はないのです。

今の日本の子育てや教育では促成栽培がはやりすぎています。子どもたちは、小さいときから優秀であることが求められています。でも、早ければいいというものでもありません。小さい頃はなんでも早くできて目立ったけど、だんだんそれほどでもなくなってきた。やがては普通になり、結局は意外と伸びなかった。このようなこともよくあるからです。

また、次のようなこともあります。初めのうちは大したことがなかった。それどころか人に後れを取るほどだった。だが、自分のペースでじっくり着実に成長し、年を追うごとに伸びていき、やがては大きく花開いた。あるいは、何か一つのことをきっかけに一気にやる気が出て爆発的に伸びた。こういう大器晩成の例が世の中にはたくさんあります。

例えば、アインシュタインは子どもの頃、言葉がうまく話せなかったそうです。それで、うまく自己表現ができずに、鬱屈《うっくつ》した日々を送っていました。また、読むのも書くのも苦手で、おまけに算数の計算問題も苦手だったそうです。でも、大人になってからは相対性理論を打ち立て、歴史に名を残す大科学者になりました。後に発明王といわれたエジソンが、子ども時代には学校にうまく適応できなかったことは誰でも知っています。

目先のことにとらわれずに、子どもを長い目で見る

このような例は歴史的な有名人だけではありません。私たちのごく身近にも、小さいときはそれほどでなかったけど、後で伸びたという人はたくさんいます。私の小・中学校の同級生でも、子どもの頃は勉強ができなかったけど、今は会社を五つ経営しているというすごい人がいます。

私の教え子にもいます。子どもの頃、勉強はイマイチでした。大人になって仕事に就いてからもさほどパッとせず、何度か転職しました。でも、三十代の半ばに自分にぴったりの仕事に出会い、それから大活躍が始まりました。三十代後半の今では指導的な立場に就き、収入的にもかなり安定しています。本人も自信を持って、毎日生き生きとがんばっています。

このように、後でだんだん伸びてくるということが実際によくあるのです。ですから、子育て中の親としては、目先のことばかりにとらわれないで、子どもを長い目で見ることが大切です。

できないことを否定的に叱ってばかりいると、子どもは自分に自信を持てなくなります。そうすると、自己肯定感が持てなくなり、「自分はどうせダメなんだ。何をやってもムダだ。自分にはできるはずがない」と思い込むようになってしまいます。

これだと、後で伸びるための芽を摘んでしまうことになります。後でやる気スイッチが入りそうな機会にいろいろやってみても、「どうせダメ」ということで、スイッチを押せなくなってしまうのです。

親の都合で子どもを判断しない

親には二種類ある

親の多くが子どもの短所ばかり見て、否定的に叱り続けています。その結果、子どもは自分に対する自信が持てなくなっていますし、親子の信頼関係も崩れています。でも、中にはそうでない親も少数ですがいます。その人たちは、子どもの長所を見つけるのが上手で、常に子どもを肯定的に見ています。そして、ほめることが多く叱ることが少ないので、親子の信頼関係ができています。子どもは自分に自信が持てているので、チャレンジ精神や向上心に富んでいます。

マイナス思考の親

前者と後者の親の違いはそもそもどこにあるのでしょうか。ひと言で言えば、前者はマイナス思考で後者はプラス思考という違いなのです。前者のような人は、子どもに対してマイナス思考で否定的に見ているだけではなく、すべてにおいてそうなのです。

例えば、二連休の二日目の朝起きたとき、「もう休みがあと一日しかない」と思ってしまいます。机の引き出しの中に思いがけず千円札を見つけたとき、「なんだ千円か」と思ってしまいます。ラーメン屋では、ラーメンのおいしさより店の汚さが目につきます。

こういう延長線上に子どもを見る目もあるわけです。ですから、子どもを見る目だけ変えようとしても難しいので、ものの見方全般においてプラス思考の部分を増やしていくことが大切です。

少しずつプラス思考の部分を増やす

例えば、二連休の二日目の朝、「もう休みがあと一日しかない」と思ったら、それで終わらずに、次の瞬間、「でも、今日も休みだ。やったぁ」と思ってみるのです。千円札を見つけて、「なんだ千円か」と思ったら、「でも、千円あればランチが豪華になる」と思ってみます。ラーメン屋では、店の汚さが目についたら、「でも、ラーメンの味は抜群だ」と思ってみます。

マイナス思考の人が一気にプラス思考に変身するのは難しいかもしれませんが、このように別の角度からプラス思考で見直してみるということなら可能なはずです。最初は努力が必要ですが、続けていれば自然にできるようになります。

短所を長所として見る

子どもを見るときも同様です。つまり、短所に感じることがあったら、次の瞬間それを別の角度からプラス思考で見直してみるのです。

例えば、授業参観のときに、「うちの子、ろくに発表もできないなんて、消極的で困る」と思ったとします。そのとき、それで終わらずに、次の瞬間、「でも、これは慎重と言えるのかも」と思ってみましょう。

「飽きっぽいなあ」と思ったら、「でも、これは好奇心が旺盛なのかも」と思ってみます。「いつもふざけてしょうがない」と思ったら、「明るくて元気があるんだ。おもしろがって盛り上げるのが上手なんだ」と思ってみます。

「落ち着きがない」と思ったら、「エネルギーがいっぱいで活動的なんだ」と思ってみます。「何をやるにもマイペースで遅いなあ」と思ったら、「人に左右されずに自分のペースでやれる子なんだ」と思ってみます。

長所と短所は紙一重

こういった方法を短所言い換え法、あるいはリフレーミングと言います。リフレーミングとは、自分が物事を見るときのフレーム（枠組み）を一度外して、別のフレームで見てみるという意味です。

実際、長所と短所は紙一重であり、同じコインの裏・表の関係です。ですから、このように見方を変えることは常に可能なのです。

そもそも、子どものある特質が、短所に見えるか長所に見えるかということは、親の都合によって決まってきます。つまり、親にとって都合がよければ長所に見えるのです。でも、その子が長い人生を生きていく上で、それがずっと長所であるとは限りません。

子どもの短所は実は長所かも！

例えば、宿題などやるべきことを後回しにしないで、真面目にきちんとやってくれる子は親にとって都合がいいです。でも、そういう子が大人になったとき、仕事で上司に言われたことを何でもきちんとやらないと気が済まないということで、不必要に自分の首を絞めてしまうことがあるかもしれません。

逆に、宿題をやってなくても平気で遊べるという特質は、親にとっては都合が悪いので短所に見えます。でも、そういう図太い子なら、大人になって仕事で忙しいときも、やりかけの案件を複数抱えているときも、平気で乗り越えていけるでしょう。

マイペースな子は親には都合が悪いでしょうが、人に左右されずに自分のペースでじっくり生きていける人になることでしょう。

落ち着きがないくらいエネルギーがいっぱいで、活動的な子は、大人になってからも仕事や遊びでアクティブにバリバリ活動していけることでしょう。

このようなわけで、子どもの短所は実は長所かもしれないのです。このことを親が意識していることが大事です。そうすれば、もっと子どもを肯定的に見られるようになり、否定的に叱り続けることもなくなります。

笑顔とユーモアで子どもを幸せにしてあげよう

大人が笑顔なら子どもは幸せ

子どもは、仏頂面でぶすっとしている大人が苦手です。こういう親や先生のもとにいる子どもはかわいそうです。

子どもは弱い存在であり、それに比べて親や先生は圧倒的に強い存在です。つまり権力者なのです。その権力者がつまらなさそうに不機嫌な顔をしていると、子どもは不安に駆られます。

その反対に、笑顔の多い親や先生だと子どもは安心して過ごせます。いつもにこにこしている親や先生なら、子どもはそれだけで幸せです。

大人と子どもの間だけでなく、大人同士でも同じです。仏頂面の上司や同僚は不機嫌そうに見え、周りの人を緊張させ、遠ざけます。

反対に、笑顔の多い人はみんなに好かれ、良い人間関係がつくれます。それによって仕事も生活もうまく回ります。

笑顔は自分のためでもある

このように、仏頂面か笑顔かによって人間関係はかなり違ってきます。でも、それ以上に自分自身にとっても、仏頂面でいるか笑顔でいるかによって極めて大きな違いが生まれてきます。

というのも、仏頂面でいると実際につまらなくなってきて、笑顔でいると本当に明るく楽しい気持ちになってくるからです。楽しいとき笑顔になるのは当たり前ですが、笑顔になることで楽しくなるということもあるのです。ですから、日頃から笑顔になるように意識的に努めるといいと思います。

例えば、別に楽しいことがないときでも、口角を上げて笑顔になるようにするのです。洗顔のときなどに、鏡を見ながら顔の表情筋を鍛えるのも効果的です。変顔をしたり、片目ずつつむってウィンクの練習をしたりするといいでしょう。特に口角を上げる筋肉を鍛えましょう。

以前テレビのインタビュー番組で見たのですが、タレントのコロッケさんは鏡を見ながら顔の筋肉を鍛えるトレーニングを毎日しているそうです。だから、彼は物まねはもちろん、笑顔が本当に素敵ですよね。

毎日子どもを笑わせるお父さん

次に、笑顔と同時にユーモアの精神も大切にしてほしいと思います。あるお父さんは、毎日一回は子どもを笑わせるようにしているそうです。理由は、子どもが大好きで、子どもの笑顔がたくさん見たいからとのことです。

そのお父さんは、親父ギャグ、ダジャレ、変顔、タレントの物まね、おもしろダンス、替え歌、にらめっこなど、いろいろな技やアイデアを考えて努力しています。アイデアが何もないときは、子どもをくすぐるそうです。たしかに、これならすぐできます。親子でくすぐりっこをして笑うことで免疫力が強まった、という番組を見たこともあります。

笑うことは心にも体にも良い影響があります。笑うことでリラックスしてストレスが発散されたり、免疫力が高まったりします。ラフター・ヨガという、笑うことで心身を健康にするヨガもはやっています。

ユーモアを交えて伝える

このお父さんは、子どもにやってほしいことを伝えるときも、ユーモアを交えるようにしています。

例えば、子どもを起こすときには、「十秒で起きたら天才。二十秒なら凡才。三十秒ならチンゲンサイ。チンゲンサイなら食べちゃうぞ。用意、ドン。一、二、三……」とやるそうです。すると、子どもは二十九秒ぐらいのところで笑いながら起きるそうです。あるいは、「起きないとくすぐっちゃうよ」も効果的だそうです。こういうやり方なら、楽しく起こすことができますね。

普通だったら、「すぐに起きなきゃダメだろ」などと叱ってしまいそうな場面です。その結果、朝からお互いイヤな思いをしている親子が世間のあちこちにいます。

ところが、このお父さんは叱ってイヤな雰囲気にするどころか、楽しく笑い合うきっかけにしてしまうのですから大したものです。こういう親なら子どもは本当に幸せです。でも、このような親は少ないです。

ユーモアは子どもを尊重する思いから

なぜ少ないのか考えてみましょう。そもそもユーモアはサービス精神の表れであり、サービス精神は相手を尊重する気持ちがあってはじめて生まれてくるものです。

ですから、子どもを尊重できる大人だけが、子どもに対してユーモア精神を発揮できるのです。でも、大半の大人は子どもを尊重していません。

大半の大人は子どもを侮《あなど》っています。経験も知識もなく、未熟で愚かな存在ととらえています。子どもが大人と対等のはずがなく、はるかに劣った存在と思っているのです。

でも、本当は子どもも一人の人間であることに変わりはないのです。宇宙がどれほど広大長久であったとしても、二度と存在することのない独自性・ユニークさを持っています。さらに、これからどんどん成長していく無限の可能性を秘めています。

このように、子どももこの世に一人の人間として生まれてきた、そのかけがえのない存在価値において大人とまったく対等です。それを理解すれば、自《おの》ずと敬愛の念が生まれてきます。そうすれば、ユーモア精神を発揮して子どもを楽しませ、笑顔でつつんであげたりすることもできるようになります。

親が寛容なら子どもはウソをつく必要がなくなる

子どもがウソをつくのは弱い存在だから

子どもがウソをついたとき、親として非常にがっかりしたとかショックを受けたなどという話を聞くことがあります。でも、私は、あまり大げさに考え過ぎない方がいいと思います。

なぜなら、洋の東西を問わず、子どもというものは昔からよくウソをつくものと相場が決まっているからです。だからこそ、西洋の「オオカミ少年」、日本の「花咲かじいさん」など、子どもに「ウソをついてはいけません。正直になりなさい」と教える話が山ほどあるのです。

みなさんも、子どもの頃、いろいろなウソをついたことがあるはずです。記憶にないのは、ただ忘れているだけなのです。

では、なぜ子どもはウソをつくのでしょうか。それは、子どもが弱い存在だからです。大人は経験が豊かなので知恵が働き、問題を解決する能力があります。何か困ったことがあったとき、解決法を調べたり自分で考えたりすることができます。情報もお金も行動力も自由もあります。

子どもにはこういったものが一切ありません。つまり、子どもには問題を解決する能力がないのです。それでついウソをついてしまうのです。

親の圧倒的な権力に翻弄《ほんろう》される子ども

それに加えて、大人である親の圧倒的な権力の前で、子どもの立場は本当に弱いものです。親に生殺与奪の権を握られている圧倒的な弱者、それが子どもです。親のその時の気分次第で翻弄され続ける、それが子どもの立場です。ですから、自分を守るためについウソをついてしまうのです。

親は子どものウソが許せなくてきつい言葉で叱りつけます。「このままウソつきな大人になっては困る。子どものうちに正直にしなければ」という気持ちがあるからです。ときには「なんてずるい子なんだ」「お前はウソつきだ」などと人格を否定する言い方をしてしまうこともあります。でも、こういう言葉は子どもの心を深く傷つけ、トラウマになってずっと引きずることにもなりかねません。

また、こういうことを言われれば、言った相手に対して絶対的な不信感を持つようになります。自分のことをウソつきと思っている相手に対して、心を開くことなどできるはずがありません。子どもは心を閉ざしてしまい、その後は何を言われても素直に聞く気になどなれません。

ウソに厳しすぎると逆効果

「ウソは絶対に許さない」という親の思いが強すぎて、かえって子どもが巧みなウソをつくようになったという例はたくさんあります。私が知っているあるお母さんもそうでした。子どもを正直な人間にしたいという思いが非常に強い人で、ほんのちょっとのウソも許しませんでした。

ある日、子どもが学校からのお便りを見せたのですが、その中に提出期限の切れたアンケート用紙が入っていました。それで、お母さんは、「これ、いつもらったの⁉」と強い口調で聞きました。その勢いに押されて、その子はつい「昨日もらった」と答えてしまいました。「あやしい！」と感じたお母さんはさらに強く問い詰めましたが、子どもは「昨日もらった」の一点張りです。

それで、お母さんは真相を解明しようと、その子の友だちの家に電話を掛けて、一週間前に配られていたことを突き止めました。その後は、子どもが金輪際二度とウソをつく気になどなれないように、徹底的に叱りつけました。

そういうことが何度かあって、結局その子はウソが上手な子になってしまいました。もちろん、親子関係もギスギスしたものになってしまいました。

ウソをつく必要がない状況に

このようなことになりがちですから、あまり神経質にならずに、子どものちょっとしたウソはだまされて聞き流してあげればいいのです。あるいは、「はいよ。わかったわかった」「あ、それはもうばれればれ」くらいの軽い対応で十分です。もちろん、ケース・バイ・ケースですから、いじめや危険な遊びに関わることなど、きちんと対応した方がいいウソもあります。でも、たいていの場合、それほどのことはありません。

それよりも基本的に大切なのは、そもそも子どもがウソをつく必要がないようにしてあげることです。そのためには、日頃からおおらかで寛容な態度で接してあげてください。子どもの失敗はあまり責めないで、笑って許してあげましょう。苦手なことやできないことはサポートしてあげ、困っているときは助けてあげてください。

子どもの話は、とにかく共感的に聞こう

何事も「子どものうちにしっかりしつけなければ」とか「自分でできる子にしよう。自立させなければ」などと思いすぎない方がいいでしょう。

子どもにはそれぞれの成長ペースがあり、その時が来ればできるようになります。そんなに急《せ》かす必要はありません。子どもの愚痴《ぐち》、失敗談、要求、わがままなども、門前払いせずに、まずは共感的に聞いてあげましょう。

もちろん子どもの要求に対して、最終的には「ノー」と断る場合もあります。でも、そういうときも、とりあえずは共感的に聞いてあげることが大切です。

このように共感的で寛容な親なら、子どもは親を信頼して安心して生きられます。ウソをつく必要もなくなり、正直に何でも言えるようになります。

子どもの立場に立てば見えないものが見えてくる

大人の逆鱗《げきりん》に触れる言葉

私たち大人は、自分もかつては子どもだったという事実を忘れています。当然、自分が子どもの頃にしていたことや感じていたことも忘れています。

大人たちがもっと想像力を働かせて、本当に子どもの立場になって考えるようにすれば、今まで見えていなかったものが見えてきます。そして、子どもの変な行動やけしからん言葉にも、すべてそれなりの理由や真意があるということがわかってきます。

例えば、次のような場面を思い浮かべてみてください。ある日、長男が玄関の壁に落書きをしているのを見つけて注意したら、謝りもしないで、「ぼくだけじゃない。弟もやった」と言いました。あなたはこのようなとき、何と言いますか？

たいていの親は大いに腹を立てて、「言い訳するな！　弟がやればお前もやるのか？

人のせいにしないで、ちゃんと謝りなさい」などと叱るはずです。

この「自分だけじゃない。○○もやった」は、大人の逆鱗に触れる言葉です。大人はみんなこれが大嫌いです。なぜなら、その子が自分のしたことを棚に上げて、人のせいにしていると感じるからです。あるいは、自分が叱られないようにするために、人のことを告げ口するなどというのは、本当に卑怯《ひきょう》な行いだと感じるからです。ですから、親も先生も、子どもの口からこの言葉が出た途端に切れてしまうことがよくあるのです。

「ぼくだけじゃない。弟もやった」の真意

でも、切れる前にちょっと考えてみてください。なぜ、この子はこういうことを言うのでしょうか。それを、本当に子どもの立場に立って考えてみてほしいのです。ひとたび子どもの立場に立って考えてみると、この言葉の真意がわかり、それには正当な理由があることがわかってきます。

この長男の場合、「自分が叱られないように弟のせいにしよう」と考えているわけではありません。そうではなく、「自分だけ叱られるのはいやだ。叱られるなら平等に叱られたい」と考えているのです。というのも、「ぼくだけじゃない。弟もやった」と言わないでいると、自分だけ叱られるのが目に見えているからです。

これは人間として当然の気持ちです。私たち大人でも、同じ失敗やミスをした別の人が叱られないで自分だけ叱られるのは耐え難いことです。

どうせ叱られるなら平等に叱られたい、と強く思うはずです。そして、このままでは自分だけ叱られると思えば、「自分だけじゃない」と言うはずです。

ですから、子どもからこういう言葉が出た場合も、やたらに興奮して叱りつけるのではなく、まずは長男の言い分をよく聞いてあげることが必要です。もちろん弟にも話を聞き、事実関係をよく確認しましょう。その上で、何がいけないのか、どうしていけないのか、どうすればいいのか、子どもが納得するように話してあげましょう。

このように進めれば、子どもも素直に自分の行いを振り返って反省することができます。興奮して感情的に叱りつける必要などまったくありません。

「おばあちゃんは、いつ帰るの？」の真意

今度は次のような場面を思い浮かべてみてください。久しぶりにおばあちゃんが遊びに来てくれたので、年少の娘は大喜びで出迎えました。

ところが、おばあちゃんがくれたお菓子のお土産を食べ終わったら、「おばあちゃんは、いつ帰るの？」と聞きました。あなたは、このようなとき何と言いますか。

大いに腹を立てて、「おばあちゃんに失礼でしょ。謝りなさい」などと叱る人が多いのではないでしょうか。なぜなら、「この子はもうお菓子を食べちゃったから、おばあちゃんに早く帰ってもらいたいと思っているんだ」と感じるからです。

でも、本当はその反対です。子どもは、「おばあちゃんがいてくれると楽しい。できるだけ長くいてほしい。あとどれくらいの時間をおばあちゃんと楽しく過ごせるのかな。それを知りたい」と思っているのです。その真意がわかれば、「今日はゆっくりできるから、夕飯も一緒に食べられるよ」と言って、子どもを喜ばせてあげることもできるでしょう。

同じ言葉を聞いても正反対の対応になる

これと少し似ていますが、大好きなおばあちゃんに面と向かって、「おばあちゃんはいつ死ぬの?」と聞いた子もいます。そこにいた大人たちはみんなギョッとしましたが、おばあちゃんは笑いながら、「百十歳くらいまで生きるから大丈夫よ」と答えてくれました。

おばあちゃんは、子どもの真意がわかったので安心させてくれたのです。子どももうれしそうににっこり笑いました。もちろん、この子が本当に言いたかったのは、「おばあちゃんに早く死んでほしい」などということではなく、「大好きなおばあちゃんとずっと一緒にいたい。いつまでいられるのかな。それを知りたい」ということです。

その後、この子は母親にこっぴどく叱られて泣いてしまいました。でも、この子はなぜ叱られるのかわからなかったと思います。同じ言葉を聞いたのに、おばあちゃんと母親では正反対の対応になりました。子どもの言動の真意がわかるかどうかで、これほど違ってくるのです。

まず共感！言いたいことは最後に

どうする？　受験生の愚痴《ぐち》

子どもの話を共感的に聞くことの大切さについてはすでに触れましたが、最近とても参考になる話を聞いたので、紹介したいと思います。話してくれたのは、中学三年生の娘さんを持つお母さんで、私のメールマガジンの読者の方です。

娘さんは高校入試の一週間前にこうこぼしました。「ああ、もうすぐ試験だけど、私ダメだ。よく眠れないし。私、無理。絶対落ちる。ああ、試験なんてイヤだ。もう落ちてもいいから早く終わってほしい」

娘さんは、日頃そのような愚痴はあまり言わないタイプだそうです。それが急にそのようなことを言い出したので、お母さんはびっくりしてしまいました。それでも、「そんなこと言ってないで、がんばって勉強しなきゃダメでしょ」などと叱るのは逆効果だと思ったので、「心配いらないよ。実力は十分あるし、今までがんばってきたんだから、あと一週間がんばれば絶対受かるよ」と励まし、「会場に行ったら、まず深呼吸をするといいよ。それから、周りにいる人をじっくり観察していると落ち着くよ」とアドバイスしました。

共感したらもっと話し始めた

ところが、娘さんは、「お母さんって、私の気持ち全然わかってくれないね。言って損した！」と言いながら、自分の部屋に行ってしまいました。

お母さんはびっくりしました。叱ったわけではなく励ましてアドバイスをしたのに、なぜ不機嫌になるのかわかりませんでした。でも、次の瞬間、「あ、しまった。共感するのを忘れてた」と気がつきました。そのお母さんはよく私の本を読んでくれている方で、日頃から「まず共感」と心がけていたのですが、そのときはついうっかり忘れてしまったそうです。

次の朝起きてからも、娘さんは不機嫌そうで、何も言わないままうつむいて朝食を食べ始めました。そこでお母さんは、「試験の前ってイヤだよね。受験生って苦しいね。落ち着かないよね」と言ってみました。

するると、娘さんが顔を上げて、「そうだよ。本当にそうだよ。もうイヤになっちゃう。試験なんてなんであるのかな。なんでもいいから早く終わってほしい」と一気にまくし立てました。

それで、お母さんが、「本当にイヤになっちゃうよね。早く終わってほしいね」と答えると、今度は、「いろいろ考えちゃうと夜も目が覚めちゃうんだよね。あと一週間もこんな感じが続くのかな。私、こんなに気が弱くて心配性だったかな」と言いました。それで、お母さんはまた、「眠れないっていうのはつらいねえ。いろいろ考えちゃうんだよね」と共感的に答えました。

その後も娘さんは話し続けて、たっぷり愚痴をこぼしました。お母さんもたっぷり共感的に聞きました。その甲斐もあってか、結局娘さんの受験はうまくいき、希望の高校に入学できたとのことです。

さて、最後に、お母さんと私は次のような会話をしました。

ストレスは親の対応次第

母「娘はよっぽどストレスをため込んでいたんでしょうね。話し終わった後は、見違えるように明るい表情になっていました。共感って本当に大事だなと、改めて思いました。もしあのとき、共感というキーワードを思い出さなかったら、全然違うことを言っていたと思います」
私「例えば、どんなことですか？」
母「たぶん……。『そんなことじゃ、あと一週間もたないよ。夜はちゃんと寝て体調を整えておかないと、本番で実力が発揮できないでしょ。眠れなくても目をつむって横になってなきゃダメよ』などと叱っていたかもしれません」
私「なるほど、親としては言いたくなりますよね」
母「それとか、『愚痴なんか言っている暇があったら、最後の仕上げの勉強しなきゃダメでしょ。他の人はみんながんばってるよ。今まで間違えたところをもう一度やってみるとか、大事なところを再確認したりとか、やるべきことはいっぱいあるでしょ』などと叱っていたかもしれません。でも、もしそんなことを言ってたら、娘は私にもう何も言わなくなっていたでしょう。ただでさえストレスいっぱいなのに、余計にストレスが増えてしまったと思います」

まずは共感

このお母さんは、途中で「共感」というキーワードを思い出すことができて、本当によかったと思います。こういうとき、親がやりがちなのが、まず最初に叱ってしまうことですが、これは一番まずい対応です。

またこのお母さんの一回目の対応のように、まず最初に励ましとアドバイスをしてしまう親も多いです。これは、もちろん叱るよりははるかにマシです。でも、親は励ましとアドバイスのつもりでも、最初に共感がないままそれを言われると、子どもにはお説教に聞こえてしまうのです。そして、「自分がどれくらいつらいかわかってもらえない」と感じてしまいます。

一番いいのは、まずは共感的にたっぷり聞いてあげることです。すると、子どもは、「自分がどれくらいつらいかわかってもらえた」と感じて、気持ちが安らぎます。同時に、わかってくれた親に対する信頼の気持ちが大いに高まります。

もしアドバイスや励ましをするとしたら、たっぷり共感した後にしましょう。そのときなら、子どもも素直に耳を傾けることができます。

本当の厳しさは確実に見届けること

厳しさについての誤解

「先生は厳しい？　優しい？」

小学校の教師だった頃、四月に新しいクラスを受け持つと、子どもたちがよくこう聞いてきたものです。これは子どもたちにとって最大の関心事だからです。なんといっても、それによって一年間の運命が決まるのですから。

ある年、三年生を受け持ったとき、始業式が終わった瞬間にある男子が聞いてきました。

子「先生は厳しい？　優しい？」

私「優しいですよ」

子「やったあ！」

私「優しくて厳しいです」

子「え～、どっちなの？」
私「両方です」
するとその子はしばらく考えてから、「先生はすぐ怒る？」と聞いてきました。
私「全然怒らないよ」
子「あ～、よかった」
私「でも厳しいよ」
子「え～、どっちなの？」
その子は「意味がわからない」といった顔できょとんとしていました。
この会話でわかるように、子どもにとっての「厳しさ」とは、すぐ感情的になって怒りを爆発させることなのです。本当の厳しさは、それとはまったく別のものなのですが、子どもにはわからないのです。問題は、親たちも含めて多くの大人たちが「厳しさ」について子どもと同じような誤解をしていることです。

怒りをぶつける人は自分に対して甘い

例えば、ある家庭で、お手伝いとして子どもが庭の掃き掃除を毎朝すると決めたとします。

たいていの場合、最初の一週間ぐらいは、子どもは張り切ってやりますし、親もほめます。でも、その後はだんだん親がそのことに触れなくなり、同時に子どももやらなくなります。ついには、双方ともまったく忘れてしまいます。

ところが、あるとき何かのきっかけで親が急に思い出します。そして、「この頃忘れてるじゃないか。さぼってないで、ちゃんとやらなきゃダメじゃないか」と叱りつけます。

本当は自分も忘れていたのですが、そのことには触れないで、子どもだけを責めます。そして、こういうとき感情を爆発させて叱りつけることが厳しさだと勘違いしている人が大勢いるのです。つまり、先ほどの子どもと同じような誤解をしているのです。

でも、これは本当の厳しさとはかけ離れたものです。厳しさどころか自分に対する甘さであり、その人の未熟さの現れに過ぎません。弱い相手を犠牲にして自分のイライラを発散させているだけの愚かな行為です。

親がすべきこと

本当は、子どもが庭の掃き掃除をすると決めたとき、親も一つの決意をすべきだったのです。それは、「このお手伝いを成功させ、達成感を持たせて、子どもに自信をつけさせよう。そのために親がすべきことを必ず実行する」という決意です。

親がすべきこととは、具体的には、毎日必ず見届けをすることです。見届けとは、やるべきことを子どもがやったか確認して、やってあったらほめ、もしやってなかったらやらせてほめることです。これなら、子どもがやってないときも、その日のうちに見つけてやらせることができるので、傷が浅いうちに手当てできます。「さあ、今からがんばって」とか「大変だけどがんばろう」などと促せばいいだけのことです。あるいは「じゃあ、一緒にやろう」と言って、負担感を軽くしてあげることもできます。

親の見届けが続けば子どもも続けられる

もし見届けをしていてもなかなかうまくいかないときは、そもそもその仕事がその子に合っていないなど、決めた内容に問題があると考えるべきです。そうすれば、もう少し楽にしてあげたり、別の仕事に変えてあげたりすることもできます。それによって、続けることができるのです。お手伝いに限らず、勉強でも運動でも生活習慣でも、親の見届けさえ続けば、子どもも続けることができます。

親の見届けが続かなければ、子どももやり続けることはできません。それは、日光がないところで植物が育たないのと同じことです。日光に当てなくて植物が枯れたとしたら、それは植物のせいではなく、日光を当てなかった人の責任です。

ですから、親が子どもにお手伝いをやらせると決めたとき、毎日見届けをするということを自分に課すことが必要です。そして、それを続けることこそが厳しさです。つまり、本当の厳しさとはまず自分に向けられるものなのです。それがあって初めて相手もその姿の中に厳しさを感じ取り、自分にも厳しさを求めるようになるのです。

相手に優しい人は自分に厳しい

大人同士においても同じことが当てはまります。上司がやるべきことは、部下の仕事をしっかり見届けて、やれていればほめ、やれていなかったらやらせてほめることです。上司がこれを確実にやれば部下は伸びます。そういう自分に対する厳しさを備えている上司なら、部下も尊敬の気持ちを持ちますし、自分にも厳しさを求めるようになります。部下の仕事をろくに見てもいないで、うまくいかなかったときに感情的に叱る上司もいます。こういう人が、部下の尊敬を得ることは絶対にあり得ません。

親が自分に厳しくして確実に見届けを続ければ、子どもも続けられます。親は自分に厳しくなることが大切です。それが子どもの成長を願う親の優しさでもあります。相手に優しい人は自分に厳しいのです。

親の言葉を変えれば子どもも変わる

親の言葉で決まる親子関係

夏休みなどの長い休みには、地域や企業が主催するいろいろな親子イベントが開かれます。そこには、実にいろいろな親子がやってきて、親子の見本市のような感じになります。

そこで親子の様子を二、三分見ていると、その親子関係が将来どうなるかがわかるような気がしてきます。なんといっても、いちばん大事なのは親の言葉であり、これですべてが決まると言っていいほどです。

あるとき、夏休みの工作を親子で一緒に作るイベントがありました。そこで見た光景を紹介します。

あるお父さんと男の子が、木でロボットを作っていました。そのお父さんの言葉は、「それじゃ、ダメダメ。もっと釘をよく見て打たなきゃダメじゃん。ほ〜ら、曲がっちゃった」「ちゃんと押さえてないからボンドがつかないじゃん。もっと力を入れなきゃくっつかないよ」という感じです。

すぐ近くで、別のお父さんと男の子が木で飛行機を作っていました。そのお父さんの言葉は、「おお。いいじゃん。うまいうまい、いい感じ」「うまく削れたねえ。いいぞ、いいぞ。ここをもう少し細くするとぴったりはまるよ」という感じです。

否定的な言い方が口癖に

一人めのお父さんは、口にする言葉がすべて否定的です。それに比べて二人めのお父さんはかなり肯定的です。

否定的な言葉で言われると、誰でも不愉快な気持ちになります。自分がとがめられて、否定されているように感じるからです。すると、素直な気持ちで受け入れることができなくなります。

さらには、自分は相手によく思われていないと感じるようになります。親子の場合は、「自分はあまり大切にされていないのではないか？　愛されていないのかも？」という疑いが出てきます。すると、さらに反発する気持ちが高まり、わざと反対のことをしたくなります。

これが親子関係の崩壊につながっていきます。先ほどの二組めの親子は安心ですが、一組めの親子は先々ちょっと心配です。そして、このお父さんに限らず、ほとんどの親は自分の言葉に無自覚で、毎日わが子に否定的な言葉をぶつけてとがめています。

これは非常にまずいことです。なぜなら、親子関係も含めてすべての人間関係は言葉によって決まるからです。ですから、否定的にとがめる言葉が出そうになったとき、それをそのまま口にするのではなく、言い換えることが大事です。

でも、なかには、否定的な言い方が口癖になっている人がたくさんいます。そういう人は、「がんばろうね」と言えばいいところを「がんばらなきゃダメだよ」と言ってしまいます。「しっかり噛もう」でいいところを「しっかり噛まなきゃダメだよ」と言い、「お行儀よくしようね」でいいところを「お行儀よくしなきゃダメだよ」と言ってしまいます。

このような否定的な口癖を直すには、日頃の心がけが大事です。心がけていれば、だんだんできるようになります。私も若い頃に読んだ本によってこのことを教えられ、それから気をつけるようにしていたら、だんだんできるようになりました。

明るい結果がイメージできるように

いくつか言い換えの実例を紹介したいと思います。いちばんいいのは、「〇〇すると□□のいいことがある」というように、明るい結果がイメージできる言い方です。二人めのお父さんの、「ここをもう少し細くするとぴったりはまるよ」もそうなっています。

「勉強しなきゃ試験に受からないよ」↓「がんばって勉強すれば試験に受かるよ」

「靴は靴箱に入れなきゃダメでしょ」↓「靴箱に入れると玄関がすっきりするね」

「今から用意しておかないと、明日の朝間に合わないよ」↓「今から用意しておけば、明日の朝は余裕だね」

「どんどん宿題やらなきゃ遊ぶ時間がなくなるよ」↓「先に宿題をやっておくと後でたっぷり遊べるよ」

このように言われれば、子どもは気持ちが明るくなってやる気になります。また、日頃からこのような言い方に心がけていると、ものの見方そのものが肯定的なプラス思考になっていきます。

単純に促す

このような肯定的な言い方が一番いいのですが、いつもというわけにはいかないと思います。そういうときは「単純に促す」がオススメです。つまり、「急がなきゃバスに乗れないよ」ではなく、「急いで」「急ごう」「急ぐよ」などのように単純に促します。

とにかく、否定的にとがめなければいいのです。

「お皿を洗わなきゃダメじゃん」→「お皿を洗って」「お皿を洗おう」「お皿を洗うよ」

「おもちゃをしまわなきゃ、勉強できないでしょ」→「おもちゃしまって」

「もっと集中しなきゃ終わらないよ」→「集中、集中、がんばろう」

ただし、いくら単純に言っているつもりでも語調が怒った感じではとがめていることになりますので、明るく柔らかな語調で言ってください。

さらにひと工夫して促す

「単純に促す」にひと工夫すると、さらに効果的です。

一つめは「ハードルを下げて促す」です。「宿題、今のうちに半分だけやっておこう」「手伝ってあげるから、一緒にやろう」のように言えば、取りかかりやすくなります。

二つめは「ユーモアで楽しく促す」です。「二倍速の早回しで着替えよう」「いつまでも寝てるとパパが妖怪になってくすぐるよ」のように言えば、楽しい気持ちで素直にやれます。

三つめは「選ばせて促す」です。「食べてから勉強する？　勉強してから食べる？」のように聞いて子どもに選ばせると、自分で選んだという責任が生じて、それが実行につながります。

四つめは「時間を示して促す」です。「早く着替えなきゃダメでしょ」では漠然としていますが、「八時十五分に着替え終わるよ」と明確に示せば時間を意識して動けるようになります。

五つめは「ゲーム化して促す」です。「速く歩きなさい」ではなく「駐車場まで競走だ」と言えば、大いにその気になります。「早く上手にたためるのはどっちかな？　ママと競争」「片づけっこ競争、用意、ドン」「何分で着替えられるかな？　時間計るよ。用意、ドン」なども使ってみましょう。

最後に付け加えます。親の言葉は子どもに移るので、親が静岡弁なら子どもも静岡弁になります。親が否定語弁なら子どもも否定語弁になり、親が肯定語弁なら子どもも肯定語弁になります。ですから、親の言葉を変える努力は待ったなしでお願いします。

ほめるところから始めよう ほめたらできる！

子どものやる気を摘み取る言葉

ある県のローカル番組で印象的な場面を見ました。それは親子料理教室というイベントの様子を紹介する番組で、たくさんの親子が集まって、それぞれシチューを作っていました。

はじめにアップで映ったのは、叱ってばかりのお母さんでした。子どもがお玉でシチューの鍋をかき混ぜていると、いきなり、「ほら、ほら、もっと集中して混ぜなきゃダメでしょ」と叱りました。

次に、「キョロキョロしないで真剣にやらなきゃダメだよ」と叱り、さらに、「ほらほら～　こぼれてる。なんであんたはそうなの？　こぼさずにできないの？」と叱りました。

さらに、「なんであんたは上ばかり混ぜるの？　下も混ぜなきゃ味がしみないでしょう」と叱りました。お母さんはずっとこんな感じで、否定的に叱り続けていました。

ですから、子どもはすっかりやる気をなくして、ブスッとした顔で嫌々シチューをかき混ぜています。それを見て、またお母さんが叱りました。「あんた、やる気がないの？いつもそう。すぐやる気がなくなる。やる気がないならやめちゃいなさい」

それを見た私は、「お母さんのせいですよ」と一人でツッコミを入れました。テレビを見ていた人はみんなそう思ったはずです。これでやる気が出たら不思議です。でも、当のお母さんはそうは思っていないようで、「なんでこの子はこうなんだろう？」という感じでした。

子どものやる気を高める言葉

次に、正反対のお母さんが映りました。テレビというものは非常にたくさんの取材をして、その中からうまくつなぎ合わせて編集しているのですね。

二人めのお母さんは最初のお母さんとまったく正反対で、子どもがシチューをかき混ぜていると、まず、「上手だね」とほめました。子どもは「うん！」と答えてやる気満々です。

次に、お母さんは、「こぼさずにできるね」とほめました。実はけっこうこぼれていたのですが、そう言いました。すると、驚いたことに、鍋をかき混ぜる子どもの手がゆっくりになりました。それまではけっこう速かった手の動きが急にゆっくりになったのです。お母さんのほめ言葉は効果てきめんでした。

さらにお母さんは、「下も混ぜると味がよくしみるんだって」と言いました。たぶんイベント会場で放送が入ったのでしょう。子どもはこういうとき、上の方しか混ぜないことがあるからです。

それを聞いて、さっきのお母さんは、「なんであんたは上ばかり混ぜるの？　下も混ぜなきゃ味がしみないでしょ」と言い、こちらのお母さんは、「下も混ぜると味がよくしみるんだって」と言いました。

プラスイメージの言葉なら前向きになれる

こちらのお母さんの言葉に、子どもを伸ばすヒントが二つあります。その一つは、「下も混ぜると味がよくしみるよ」などのプラスイメージの言い方です。「こういうことをすると、こういうプラスがあるよ。こういう良い結果があるよ」というように、プラス思考で前向きなイメージを伝える言い方です。

例えば、「今やっておくと後でたっぷり遊べるね」「今夜のうちに準備しておくと、明日の朝が楽だよ」「見直しすると五点増えるよ」「ボールをよ〜く見るとヒットが打てるよ」などです。こういう言い方なら、言われた方も前向きになれるので、やってみようという気持ちになれるのです。

日頃から「○○しなきゃダメだよ」などの否定的な言い方が口癖になっている人がたくさんいますが、それを「○○するといいよ」などの肯定的な言い方に変えるだけで、かなり違ってきます。それに、肯定的な言い方を心がけていると、自分自身もプラス思考で物事を見られるようになるという利点もあります。

「できたらほめる」から「ほめたらできる」へ

二つめは、とりあえずほめる言い方です。先ほどのお母さんは、こぼれていても、「こぼさずにできるね」とほめました。そして、そう言った瞬間に子どもの手の動きがゆっくりになりました。

親たちはみんな、「できるようになったらほめよう」と思っています。だから、ほめられないのです。これだと、永久にほめられません。

ですから、できていなくてもとりあえずほめることが大事です。「ほめたらできる」

のです。「できたらほめる」ではありません。順番を入れ替えてください。

例えば、「兄弟の仲が悪い。もっと仲よくさせたい」と思ったとします。そのとき、ほとんどの親は、「またけんかしてる！　なんでそんなに仲が悪いの？　もっと仲よくしなきゃダメでしょ」と叱るところから始めてしまいます。あるいは、お兄ちゃんに対して、「あなた、お兄ちゃんのくせに、なんでそんなに意地悪なの？」などと叱るところから始めてしまいます。

でも、叱られた子どもたちは、「ぼくたちはどうやら仲の悪い兄弟みたいだな」と思い込むようになり、お兄ちゃんは、「ぼくはどうせ意地悪なお兄ちゃんですよ」と思い込むようになります。そして、こういうイメージができてしまうと、実際にそうなってしまう可能性が高まります。

しつけたいことはほめるところから始める

ですから、反対に、ほめるところから始めるようにしてほしいと思います。まず、「よし、ほめて兄弟の仲をよくしよう」と決意して、ほめられる場面を探してください。

すると、数日後に、お兄ちゃんが弟におもちゃの使い方を教えている姿を見られるかもしれません。あるいは、弟が脱いだ靴下をお兄ちゃんが洗濯機に入れてくれる姿を見られるかもしれません。

そこで、「兄弟の仲がよくてうれしいわ」「お兄ちゃん、ありがとう。優しいね。助かるよ」「よく気がつくね。こういうお兄ちゃんがいるから弟も幸せだ」とほめます。

すると、先ほどとは反対に、子どもたちは、「ぼくたちはどうやら仲の良い兄弟みたいだな」と思えるようになり、お兄ちゃんも、「ぼくはどうやら優しいお兄ちゃんみたいだ」と思えるようになります。このように兄弟の仲についていいイメージができると、実際にそうなっていく可能性が高まります。

ほとんどの親たちは、ほめられる場面でほめることができません。できることについては、「できて当たり前」と思ってしまうからです。その結果、いつも叱るところから始めることになるのです。兄弟の仲だけでなく、これは何事においても言えることです。「しつけたいことはほめるところから始める」と決意して、意識してほめられる場面を探すようにしてください。

子育てや教育は勘違いと迷信だらけ「本当にそうなのか?」と考えよう

勘違いと迷信が親と子どもを苦しめる

子育てや教育というものは人類の誕生以来、ずっと続けられてきたものです。それなのに、いまだに「本当のところがわからない」という状態です。勘違いや迷信が非常に多く、それによって親子ともども不必要に苦しめられていることがたくさんあります。

最新の育児理論ということで華々しく登場し、しばらくは常識のように扱われ、その後に間違っていたと判明して消えていったものもあります。その典型が、アメリカの小児科医『スポック博士の育児書』に基づく育児法で、例えば次のようなことが主張されました。

・抱き癖《ぐせ》がつくから、赤ちゃんが泣いても抱いてはいけない。
・赤ちゃんが泣いても、決められた時間以外の授乳はしない。

・自立心が損なわれるから、添い寝をしてはいけない。

この本は日本でも一九六六（昭和四一）年に翻訳されてベストセラーになり、一九八〇（昭和五五）年にはその内容が母子手帳にまで取り入れられ、広く喧伝《けんでん》されるようになりました。

「抱き癖」という迷信による弊害

「抱き癖」という言葉が広く認知された結果、親に十分抱っこしてもらえない赤ちゃんが増えました。泣こうがわめこうが抱っこしてもらえないのです。今でいうネグレクトです。放っておかれた赤ちゃんは泣いてもムダだと悟って泣かなくなります。

これは親にとっては都合がよいのですが、赤ちゃんは、自分は何をしても応えてもらえないと悟り、無力感にとらわれてサイレントベビーになってしまったのです。こういう無力感は、その子の中で長く尾を引くようになります。

サイレントベビーは親に対する信頼感も持てなくなっているので、他者一般に対する信頼感の欠如につながります。その結果、他者とのコミュニケーション能力が身につかず、社会性が育たないまま成長します。

現在では、抱き癖などというものは否定されています。十分抱っこしてあげて、赤ちゃんの甘えたい気持ちを満たしてあげることが大切なのです。

それによって、親の愛情を実感し、他者一般への信頼感も育ちます。また、自分が大切にされていると実感できるので、自分の存在を肯定できるようになります。なお、「添い寝否定」や「定時授乳」も今は否定されています。

この抱き癖という言葉はとてもインパクトがあったので、人々の心に残りました。それで、いまだにこの言葉を覚えていて、その理論を信じている人もいます。実際、現在子育てをしているお母さんが、自分の親や姑《しゅうとめ》・舅《しゅうと》などに「抱いてばかりいると抱き癖がつく」と言われることもあるようです。

「すぐやめるとやめ癖がつく」という迷信

最近私が気になるのが「習い事をすぐやめるとやめ癖がつく」という迷信です。ある小学生の女の子は、友だちが空手をやっているのを見て自分もやりたくなりました。親に頼んだら、「やるからにはすぐやめないで二年間は続ける」という約束のもとにやらせてもらえるようになりました。

それで大喜びで始めたのですが、三、四回通ったところで、女の子は「やめたい」と言い出しました。ところが、親は許してくれません。「自分から言い出したんでしょ。

そんなにすぐやめてたらやめ癖がつく。二年間は続ける約束だよ」というわけです。

みなさんが子どもだった頃、小学校の六年間はとても長かったはずです。大人になった今、六年間なんてあっという間だと思います。子どもの一年間は大人の四、五年間に相当します。その長い間、例えば土曜日に嫌な習い事があるとすれば、もう金曜日くらいから憂鬱《ゆううつ》な気持ちになります。

「ああ、明日○○がある。嫌だな。やめたいな。でも、ママはやめちゃダメって言うし。私、なんでやりたいなんて言っちゃったんだろう。だって、面白そうだったんだよ。でも、やってみるとつまらないんだよね。ああ、やめたい。熱でも出ないかなあ」

いろいろ試してみれば、ピッタリなものに出会える

こういう憂鬱な時間が多いと、子どもの精神衛生の面でリスクが高まります。今、子どものうつ病が増えているといわれていますので、このようなリスクを軽く考えてはいけません。

はっきり言いますが、やめ癖などというのは迷信です。何事もやってみないとわからないのです。ですから、自分に合うものに出会うまでのお試しだと思ってやればいいのです。

もちろん、最初にやり始めたものがピッタリはまってずっと続ける子もいます。二、三個目ではまる子もいますし、十個、十一個、あるいはそれ以上という子もいます。でも、途中でやめたものもすべて無駄にはなりません。

以前は習い事の数も少なかったので、一つのことをずっと続けるという戦略にも意味はあったと思います。でも、今はたくさんありますので、嫌々続けているよりもさっさとやめて、新しいものを試した方が、その子にぴったりなものに出会う可能性が高まります。

「本当にそうなのか?」と自分の頭で考えよう

その他にも勘違いや迷信はたくさんあります。例えば、親は「遊んだおもちゃは出しっぱなしにしないで、片づけてから次のおもちゃを出しなさい」と言います。でも、最近の心理学では、「おもちゃをいちいち片づけさせていると遊びに没頭できない。出しっぱなしで遊ばせた方が子どもの能力は高まる」と言っています。

また、「忘れ物をする子は放っておけば直る」という迷信もいまだに根強くあります。でも、実際は、忘れ物が多い子を放っておくと、ますます忘れ物が増えるだけです。それによって、先生に叱られたり友だちからの評価が下がったりして、自分への自信がなくなります。忘れ物が多い子は、親がその子に応じた適切なサポートをし続けて、実際に忘れ物が減るようにしてあげることが大切なのです。

また、親はよく子どもに「親の言うことを聞きなさい」と言います。これは「親の言うことをよく聞く子は立派な大人になれる。言うことを聞かない子はろくな大人にならない」という無意識の思い込みがあるからです。

でも、実際はその逆で、世の中で大成するような人は、みんな、子どもの頃に親の言うことなどろくに聞かなかった人たちなのです。親の言うことを唯々諾々《いいだくだく》と聞いていた人は、だいたい小物です。

このように、勘違いや迷信が非常に多いので、鵜《う》呑みのまま思考停止にならないで、「本当にそうなのか？」と自分の頭で考えることが大切です。

「共感」こそがすべての人間関係のマスターキー

すぐにアドバイスしてしまうと……

これは中学の養護教諭に聞いた話です。友だち関係で悩んでいたある中学生が母親に相談したそうです。ところが、悩みを少し話したところで、母親は、「それなら、○○すればいいよ」とアドバイスしました。

そこでその中学生は、「そうじゃなくて、カクカクシカジカ……」と付け加えの説明を始めたそうです。すると、言いたいことの半分も言わないうちに、また母親が、「じゃあ、こうすればいいよ」と言って解決策を話し始めました。

そこで中学生は、「この人に何を言ってもムダだ。ぜんぜん聞いてくれない」と感じたそうです。そこで、その愚痴《ぐち》を養護教諭に話したのです。その子は友だち関係のストレスと母親に対する不満で爆発寸前だったそうです。

養護教諭は、「そうなんだ……。そういう人間関係は苦しいよね。あなたも大変だね」などと共感しながら話を聞いてあげました。すると、その子はだんだん笑顔になり、一時間ほど話してから、「お腹がすいた」と言い残して元気よく帰っていったそうです。

すぐに励ましてしまうと……

次は、私が電車に乗っていたときに見た光景です。私のすぐ隣の席で大学生とおぼしきカップルがずっとおしゃべりをしていました。楽しい話でひとしきり盛り上がった後で、彼女がゼミか何かの人間関係について愚痴を言い始めました。

「そんなの大したことじゃないよ。気にするなよ」と言った彼に、「うん……」と彼女は答えましたが、愚痴の続きを話し始めました。すると、彼はまた、「気にしない。気にしない」と言いました。その後、さらに彼女が愚痴の続きを話し出すと、彼は、「大したことじゃないよ。気にしない」と言ったのです。

すると、突然、彼女が怒り出しました。「なんで聞いてくれないの？　ちゃんと聞いてよ！」。驚いた彼が、「えっ、聞いてるよ」と答えると、「あなたには大したことじゃなくても、私には大問題なの。もういい」と言い返したのです。

彼は、「えっ？　何を怒ってるの？」という感じでびっくりしていました。彼としては、彼女の気持ちを楽にしてあげたくて励ましたのだと思います。でも、彼女への共感がないままいきなり励ましてしまったのがまずかったのです。

つらさをわかってくれる人は信頼される

次は、デイサービスの職員さんに聞いた話です。例えば、デイサービスに来たお年寄りが身体の不調を訴えたとします。「今日は背中と腰が痛い。こういう天気の悪い日は必ず痛くなる。ああ、せつない……」

こういうとき、職員の中には、「大丈夫ですよ。がんばってください。ファイト、ファイト」とすぐに励ましてしまう人もいるそうです。そう言われたお年寄りは、「この人、私がどんなにせつないかちっともわかってくれない。この人に言ってもムダだ」と感じます。

職員の中には、「せつないですね。背中と腰ではつらいですね」とお年寄りの気持ちに寄り添い、共感しながら聞ける人もいるそうです。こう言ってもらえると、お年寄りは、「この人、私がどんなにつらいかわかってくれた。私の苦しさをわかってくれた。この人、なんていい人なんだ」と感じて信頼するようになります。

励ましやアドバイスは共感の後

ここまで三つの例をあげました。いずれも聞き手に共感力があるかないかで、結果がかなり違ってきます。一例目の母親、二例目の若い男性、三例目の信頼されない職員は、いずれも共感力が足りないのです。

もちろん、みんな相手を思う気持ちはあります。だからこそ、励ましたりアドバイスしたりするのです。でも、共感がないところで励ましたりアドバイスしたりすると、相手は、「この人は私の大変さをちっともわかってくれない」と感じてしまうのです。

ですから、まずは共感が最優先です。もちろん励ましやアドバイスが必要な場合もありますが、たっぷり共感してからにしないと、相手の心には伝わりません。

例えば、二例目の場合なら、まずは、「そうなんだ……。それは大変だね。嫌になっちゃうね」と共感しながら聞きます。たっぷり共感した後で、「でも、大丈夫だよ。気にしなくていいよ」と言ってあげれば、彼女の心に届くかもしれません。

三例目のデイサービスの職員の場合なら、たっぷり共感した後で、「でも、大丈夫ですよ。きっとよくなりますよ」と励まして、明るい未来をイメージさせてあげれば、お年寄りも喜ぶかもしれません。

「かもしれません」と書いたのは、相手がまだそれを受け入れる状態でなければ、励ましやアドバイスはやめて、共感に徹した方がいいからです。この辺のさじ加減は、相手をよく見て対応する必要があります。

怒鳴り込んできた人もニコニコ顔で帰る

最後に、私が以前同じ学校で勤務したことのある女性の教頭、T先生のお話です。このT先生は仕事もよくできますが、共感力も抜群で、とにかく人間としての器が大きい方でした。ですから、当然、子どもたちや教職員、PTAの方たちにも尊敬されていました。

あるとき、一人の保護者の男性がものすごい剣幕で、「校長を出せ!」と、学校に怒鳴り込んできました。幸い校長が不在だったので、T先生が対応しました。「幸い」というのは、校長は共感力ゼロで、器が小さくて対応力も低い人だったからです。

つい立てで仕切った職員室の一角で、T先生は保護者の話をじっくり聞きました。うなずきながら、共感しながら、二時間くらい聞いていました。すると、だんだん男性の声の調子が変わってくるのがわかりました。そして、二時間後にはニコニコしながら帰っていきました。これにはみんな驚きました。

私たち職員はみんなどうなることかとヒヤヒヤしていたので、本当によかったと思いました。すると、一人の職員が、「T先生マジック」だと言いました。私もまさにそうだと思いました。

「共感」を意識の最前列に

まとめです。私たちは、親子や夫婦という家族関係、学校や職場の人間関係など、いろいろな人間関係の中で生きています。ですから、誰にとっても人間関係をよくしたいというのは切なる願いのはずです。そのために私がお勧めしたいのが「共感」です。

これを常に意識の最前列に置いて、とにかくまずは相手にたっぷり共感してください。言いたいことは最後に言うようにしましょう。できたら共感のまま終わった方がいいくらいです。どうしても言いたいときは、最後の最後にしましょう。

ことわざは知恵の缶詰
子育てにも活用を

子育てや教育においても、ことわざはいろいろなことを教えてくれます。そこで、今回は、子育て中の方々の参考になりそうなことわざをいくつか選び、その意味と私の解釈を紹介いたします。

角を矯《た》めて牛を殺す

「牛の曲がった角を無理にまっすぐに直そうとすると、かえって牛を死なせてしまうことになる。小さな欠点を無理に直そうとすると、かえって全体をだめにしてしまう」

これは親が非常によくやりがちなことです。例えば、子どもが楽しかった遠足のことを勢いよく日記に書いているとき、「字を丁寧に書きなさい。習った漢字を使いなさい」などと言ってしまいます。ブロックや粘土や紙などで夢中になって創造的な遊びをしているときに、「散らかさないで。ちゃんと片づけて」などと言ってしまいます。

このように、多くの親はしつけ主義に走って細かいことで叱り続け、子どもをこぢんまりとした盆栽のようにしてしまいます。本当は大木になれたはずなのに……。

親しき仲にも礼儀あり

「どんなに親密な関係であっても、守るべき礼儀がある。それを疎《おろそ》かにすると人間関係が崩れる」

親はみんなわが子に対してやりたい放題で、礼儀などいらないと思っています。大人同士ではとても言えないようなひどい言葉や、よその子には絶対言えないような罵詈雑《ばりぞう》言《ごん》も、わが子には平気でぶつけています。

なぜそうなってしまうかというと、「自分は親だ。自分の子どもに何の遠慮がいるものか。これはこの子のためなんだ。しつけのためなんだ」という思い込みがあるからです。そして、親という立場に甘えて、自分の圧倒的な権力に溺《おぼ》れた結果、わが子との関係が他人以上に冷え切ったものになってしまうことがよくあります。

親子といえども人間関係の一つであることに変わりはありません。他人行儀になる必要はありませんが、一人の人間同士としてお互いを尊重し合うことが大切です。親が子どもを尊重すれば、子どもからもまったく同じものが返ってきます。

十で神童、十五で才子、二十歳過ぎれば只《ただ》の人

「子どものときは非常に優れていたが、成長するにつれて伸び悩み、大人になったときには平凡だったことのたとえ」

今の日本の子育てではこのような例が多いようです。親たちの中には、とにかく子どもが小さいときから優秀であることを願っている人たちがたくさんいます。

そして、小さいときから立派にしつけようと、細かいことでガミガミ言い続けます。親に言われたことは何でもできて、片づけもできて、習い事もイヤと言わず、やるべき勉強もどんどんする……。そういう子にしたいのです。

あるいは、幼稚園受験、小学校受験、中学受験と突き進み、とにかく早い段階で勝ち組路線に乗せようとします。子どもたちは、遊びも含めて自分がやりたいと思ったことは抑え、ひたすら親が喜ぶことをがんばり続けます。

こういったことの結果として、燃え尽き症候群になってしまったり、万事受け身な性格になってしまう子どもがたくさん出ます。そういう子は、大人になってからも自分でやりたいことを見つけてどんどんやっていくということができなくなります。

促成栽培よりも大器晩成、と思ってじっくり構えていれば焦《あせ》らなくてすみます。小さ

いときは冴《さ》えなかったけど、尻上がりに伸びていくという人たちはたくさんいます。

ちなみに、英語にもこれと似たことわざがあります。A man at five may be a fool at fifteen.（五歳のとき大人のような子は十五歳で馬鹿になる）

人の振り見て我が振り直せ

「人の行動を見て自分の行動を改めよう」

このことわざの「人」という部分を「わが子」に替えて読んでみると、「わが子の行動を見て自分の行動を改めよう」となります。

子どもというものは、親の言葉と行動を実によく見てまねしています。ですから、わが子の行動は親自身の日頃の行動そのものを映し出しているのです。

例えば、親が「片づけしないとおやつ抜きだよ」などの罰則型の言葉が多いと、子どもも兄弟や友だちに、「○○しないと遊んであげないよ」などと言うようになります。親がゴミをポイ捨てするような人だと、子どももそうなります。

このように、わが子の行動でこれはまずいというものがあれば、まず親自身がそれを改める必要があります。「親の言うことは聞かないけど、することはまねる」という言葉もあります。まさにその通りだと思います。

遠くの親戚より近くの他人

「いざというとき、遠くにいる親戚よりも近くにいる他人の方が頼りになる」

これは子育てについても同じことが言えますね。

子どもが熱を出した、急病になった、事故に遭ったなど、急に助けが必要になったとき、遠くにいる親戚では間に合いません。そういうときは、身近な友人はもちろんですが、隣に住んでいる人、近所の人、職場の同僚、ママ友、パパ友など、とにかく物理的に近くにいる人たちが助けになります。

とはいっても、日頃何も関わりがないという状態だと、いざというときに頼みにくいのも事実です。そこで大事になるのが、日頃から挨拶したり声をかけたりして、良い関係をつくっておくことです。

千里の馬は常に有れども、伯楽は常には有らず

「才能がある者はいくらでもいるが、良い指導者がいなければ力を発揮することはできない。良い指導者は非常に少ない」

子どもたちはみんな何らかの才能や美点を秘めていて、何らかの分野において天才な

のです。でも、それを見つけ出し、上手に伸ばしてくれる親は少ないのです。

わが子の向き不向きをよく見抜いて、その子の才能やニーズに応じて導くことが大切なのですが、多くの親は自分の価値観を優先してしまいます。例えば習い事でも、自分がやりたかったことを子どもにやらせる、世間ではやっているからやらせる、などといったことになりがちです。これでは、子どもの才能を引き出すことはできません。

親がやらせたいことではなく、本人がやりたがることをやらせてあげてください。そういうものが特にない場合は、いろいろとお試しでやらせてあげるといいでしょう。一度始めたら一定期間は続けなくては、などと思う必要はありません。やってみて合わなければさっさとやめて、他のものを試させてあげてください。

子どもにぶつけられる親のストレス それを避ける方法とは？

子どもにぶつけられる親のストレス

子育ての最大のテーマの一つが、親自身のストレス管理と感情コントロールです。というのも、親のストレスは子どもにぶつけられるからです。

親が子どもに対して、「また片づけしてない。何度言ったらできるの。そんなことじゃダメでしょ」とか、「もっとちゃんと勉強しなきゃダメでしょ。あなたのために言ってるのよ。なんなの、その態度は！　ちゃんと返事して、やることやりなさい！」などと感情的かつ否定的に叱ってしまうとき、その原因はどこにあるのでしょうか。

もちろん、子どもがやるべきことをやってない、ということも原因の一つではありません。でも、実は、親自身が抱え込んだストレスも大きな原因の一つになっているのです。

仕事でトラブルが起きた、職場で上司にイヤミを言われた、旦那とけんかした、などによって抱え込んだストレスです。

はっきり言うと、後者の方がより大きいのではないかと思います。なぜなら、子どもが同じことをしても、親が抱え込んでいるストレスが少ないときは笑って許せるからです。

自分に合ったストレス解消法を持とう

親から感情的かつ否定的に叱られることが増えると、子どもは自分に自信がなくなります。「ぼくってダメな子だな」「どうせ私なんかダメだよ。何をやってもダメだよ」と思うようになるのです。

同時に、「お母さんはぼくのこと嫌いなのかも」「お父さんは私のこと大切に思ってないようだ。愛されてないのかも」と思うようになります。つまり、親に対する愛情不足感が出てしまうのです。

このようなことにならないためには、親のストレス管理と感情コントロールが非常に大切です。仕事の量が多すぎる場合は減らすことも必要です。また、日頃からストレスを上手に解消する工夫も必要です。

例えば、次のようなことの中から自分に合うものを見つけましょう。お風呂でのんびり、友だちとおしゃべり、掃除で身体を動かす、昼寝、喫茶店でコーヒー、好きな音楽を聴く、趣味に没頭、ペットと遊ぶ、お笑いの番組やDVD、映画を観る、カラオケで歌いまくる、ヨガ、ストレッチ、筋トレ、ジョギング、ウォーキング、スポーツ、マッサージ、河原で叫ぶ、スーパー銭湯……。

なんでもいいので、自分に合ったストレス解消法を持つことが大切です。これは、子どもの幸せのためにも絶対に必要です。

子どもと離れることが大事

さて、日頃からストレス解消の工夫をしていても、それでも子どもと一緒にいてイライラしてくることもあります。そのまま一緒にいれば、キレて叱りつけてしまいます。そういうときは、子どもと離れて深呼吸したり、仮眠したり、ストレッチで身体をほぐしたり……。そして、気持ちが落ち着いたら戻りましょう。

ある雑誌の企画で話を聞いたお母さんは、別の部屋に行ってクッションを口に当て、「わあ〜わあ〜わあ〜」とか「バカ、バカ。ムカつく、ムカつく」などと怒鳴りまくるそうです。すると、スッキリして、また子どもに笑顔で向き合えるそうです。

枕やクッションをボカボカ叩きまくったり踏んづけたりするのも効果があります。ある人は新聞紙を破りまくるとスッキリするそうです。

自分がその場を離れられないときは、子どもを避難させるといいでしょう。「ちょっとあんた。お母さん今イライラしてるから、ここにいない方がいいよ。どこか別の部屋に行って遊んできて」と言って、避難警報を出すのです。とにかく、そのまま一緒にいないで一度離れるのがお互いのためです。

子どもと離れられないとき、どうするか？

でも、どうしても離れられないときもあります。そういうときはどうしたらいいでしょうか。まずイチオシしたいのは深呼吸です。これはいつでもすぐにできて、しかも抜群の効果があります。ゆっくり大きく息を吸い始め、胸いっぱいに吸い込んだら、ゆっくり長く吐き出します。一回やるだけでも気持ちが落ち着きます。数回やればかなり落ち着きます。

その場でできる背伸びなどの簡単なストレッチも効果的です。背伸びと同時に、あくびもしてみましょう。縮こまっていた身体がほぐれてリラックスできます。

または、思い切り口角を上げて、無理矢理にスマイルをつくるのもオススメです。無理にでもスマイルをしていると、脳が、「あ、この人、今楽しいんだ。じゃあ、幸せホルモンを出さなくっちゃ」と勘違いして、実際にセロトニンという幸せホルモンの分泌量が増えるそうです。幸せホルモンというニックネームの通り、セロトニンが増えると気持ちが安定して幸せな気持ちになってきます。

子どもにぶつけなくなれば人間としてのレベルが上がる

自分のイライラを素直に表現して、発散させてしまうのも効果的です。例えば、「あ〜、イライラする。あ〜、ムカムカする。なんでだろう。ごめんね、あなたのせいじゃないけど。何だか知らないけどムカムカする。あ〜、ストレス、ストレス。ごめんね、あなたのせいじゃないけどね」などと言ってみるのです。

これは子どもに謝りながらやってください。そうでないと子どもが怖がります。イライラ半分冗談半分で言ってみると、少しは発散することができます。

もちろんベストの方法ではありませんが、それでも、「片づけしなきゃダメでしょ！」などと子どものせいにして叱るよりはるかにマシです。

その後で、あるお母さんは、「あ〜、お母さん今イライラしてる。あ〜、ムカムカする。ねえ、犬語でけんかごっこして発散しよう」と子どもに言うそうです。そして、二人で、「ウ〜、ワン、ワン、ワン、ワン。ワオ〜」と犬語で怒鳴りまくってケンカします。私の知り合いのある漫画家のお母さんは、「バビブベボン。ボン、ボン、ボン」と意味不明な音声で怒鳴って発散していたそうです。

さて、いろいろな方法を書きましたが、自分のストレスを子どもにぶつけないように努力する親はとても立派です。子どもにぶつけることがなくなれば、確実に親としてのレベルが上がります。

もっと言えば、人間としてのレベルが上がったとも言えます。なぜなら、このスキルは子育てだけでなく、その他のプライベートや仕事の上でも大いに活用できるからです。子どもが相手だと、親はつい甘えてしまって遠慮がなくなります。その子どもに対してぶつけなくなれば、誰に対してもぶつけなくなります。子どもがいちばん難しい相手であり、あなたの人間のレベルを測る物差しだと言っていいでしょう。

自分のストレスを他人にぶつけるのは実に愚かな行為です。でも、実際にはほとんどの人がやってしまっています。それをしなくなるということは、本当に大きな成長なのです。

表の教育は失敗し、裏の教育は成功する

親の言葉が罰則型だと子どももそうなる

「勉強しないとデパートに連れて行かないよ」「片づけしないとおやつ抜きだよ」

親はよくこのように言って子どもを脅します。これは罰で脅すことで相手を動かそうとする罰則型の言葉です。親に脅されれば、子どもは従うしかありません。手っ取り早い効果があるので、親はつい使ってしまうのです。

でも、子どもは「なぜそうすべきなのか」という意義を理解していません。つまり、「本当にそうだな。そうしなくては」と心から納得してやっているわけではないのです。ですから、内面的な成長にはつながりません。

そして、罰がないとやらない、罰を与える人がいなければやらない、ということになります。罰に慣れてくると、より大きな罰でないと従わなくなるということも起きます。

このように罰で脅すのは効果がないのです。それればかりか、実は大きな弊害がありま
す。それは、子どももこういう罰則型の言葉を身につけてしまい、兄弟や友だちに対し
て使うようになるということです。

親の言うことは聞かないけどすることはまねる

つまり、「○○しないと遊んでやらないよ」「○○しないと□□だよ」などの言葉で脅
して友だちや兄弟を動かすようになるのです。

子どもは実によく親の言葉をまねします。関西弁で育てれば子どもも関西弁になり、
東北弁で育てれば子どもも東北弁になります。同じように、罰則弁で育てれば子どもも
罰則弁になります。

もともと親としては、勉強させたいとか片づけができるようにさせたいと思って言っ
たのです。でも、子どもはそれを身につけずに、別のもの、つまり「罰則型の言葉」を
身につけてしまいます。

このように、親が意図したものは伝わらず、意図しなかったものが伝わるということ
は本当によくあります。意図したものは表の教育で、意図しなかったものは裏の教育で
す。

表の教育は失敗しても裏の教育はいつも成功します。なぜなら、子どもは親の言うことは聞かないけど、することはまねるからです。

親が自業自得型だと子どももそうなる

別の例で見てみましょう。私が教えた子でよく忘れ物をする子がいました。そのことを親に相談すると、「忘れ物をして自分が困れば懲りて直すだろう。だから放っておく」という返事でした。

こういう自業自得型の親はけっこうたくさんいます。でも、これで直った子は見たことがありません。そもそも、もしそれで直るなら、とっくの昔に直っていたはずです。なぜなら、もうすでにそれまでにもさんざん困ってきているのですから。

放っておかれた子は直るどころか、ますます忘れ物が増えます。すると、先生に叱られることも増えますし、友だちからの評価も下がります。そして、「自分はダメな子だ」と思い始め、自己肯定感が持てなくなります。

そして、これほど自分が困っているのに、それに対して何の手助けもしてくれない冷たい親に対する不信感を持つようになります。親の愛情が実感できないので、「自分は大切にされていないんだ。愛されていないんだ」と思うようになるのです。

このように自業自得型には効果がないばかりか、さらに大きな弊害があります。それは、子どももこういう自業自得型を身につけてしまい、兄弟や友だちに対しても使うようになるということです。

自業自得型が身につくと友だちを助けなくなる

例えば、学校で友だちが、「あっ、○○を忘れちゃった。ちょっと貸してくれない？」と頼んできたときも断るようになる可能性があるのです。というのも、「忘れ物をして自分が困れば懲りて直すだろう。だから放っておく」となってしまうからです。

自業自得型が身についた子は、友だちから「○○が見つからない。一緒に探して」と言われても断ります。「探し物で自分が困れば、だらしのないのも直るだろう」となってしまうからです。

「○○がわからないから教えて」と言われても教えません。「わからないのは先生の話をよく聞いていないからだ。困ればちゃんと聞くようになるだろう」となってしまうからです。

もちろん、そのたびにいちいち考えてそうするのではありません。無意識のうちにそういう発想で行動してしまうのです。そういう発想が身についてしまっているからです。

もともと親としては忘れ物を直させたかったのです。でも、子どもはそれを身につけずに、別のもの、つまり「自業自得型」を身につけます。これもまた、裏の教育が成功する例です。

親が子どもを叩《たた》けば子どもも叩くようになる

もう一つ例を挙げます。「しつけのためなら叩いていい」という暴力肯定型の親がけっこういます。叩かれると嫌なので、子どもは従います。

でも、「本当にそうだな」と納得してやるわけではありませんから、内面的な成長にはつながりません。そして、叩かれないとやらないということになります。

このように罰で脅すのは効果がないばかりか、大きな弊害があります。それは、子どもも暴力肯定型になってしまうということです。つまり、友だちや兄弟を暴力で従わせるようになるのです。

子どもは親が叩くとき、「言っても聞かないから叩くのだ。お前のためだ。しつけのためだ」と言うのを聞いています。それで、「言っても聞かないときは叩いていい。相手のためなら叩いていい。正しい理由があれば叩いていいのだ」という発想を身につけてしまうのです。そもそも、「正しい理由」などというものはいくらでも見つけることができます。

親はしつけのために叩いたつもりです。人を叩くような子にしたいと思って叩く親はいません。でも、子どもは親の意図したものではなく、意図しなかったものを身につけます。

表の教育は失敗しても、裏の教育はいつも成功するのです。親の言うことは聞かないけど、することはまねるからです。この真実を理解してください。あなたの裏の教育は大丈夫ですか？　とんでもないモノを子どもに伝えていませんか？

子どもに対して感情的にキレてばかりいませんか？　それは、イライラしたときは相手に当たればいいと教える裏の教育です。

子どもの良いところを見つけてほめる親なら、子どもも人の良いところを見つけるようになります。子どもの話を共感的に聞く親なら、子どもも人の話を共感的に聞けるようになります。このような良い意味での裏の教育を目指してください。

叱られて育つと打たれ強くなる？

叱られ慣れていないから打たれ弱い？

近頃の若い者は、子どもの頃から叱られたことがないから打たれ弱いんだ。ほめられてばかりで叱られ慣れていないから、会社でちょっと叱られると立ち直れず、すぐにやめたいと言い出す。うちの課はそういうのばっかりで大変だよ。これじゃあ業績も上がらないよ。

このような話を耳にしたことはありませんか？　職場の上司が自分の部下について嘆くとき、よくこういう話をします。私も何度か聞いたことがあります。

あなたは、このような話を本当だと思いますか？　これらを真に受けて、「やっぱりほめてばかりではいけないんだ。打たれ強くするためにもっと叱らなくては」と思いますか？

実は、こういう話はすべて作り話です。私はそういう上司たちに聞いてみたいです。

「あなたは『やめたい』と言っているその若い部下が、子どもの頃どのように育てられたのか本当に知っているんですか？　その部下の親は叱ることが多かったか、ほめることが多かったか、本当に知っているんですか？　調べたんですか？　どうやって調べたんですか？　親と面談でもしたんですか？　あるいは探偵でも雇って調べたんですか？」

上司にとって都合のいい作り話

このように嘆く職場の上司はたくさんいますが、そのうちの誰一人として、実際に調べた人はいません。そんな暇なビジネスマンがいるでしょうか。

調べてもいないのに、なぜそんなことを言うのでしょうか。それは、一つには世間のみんなが言っているからです。自分の頭で考えることなく、みんなが言うから言っているだけなのです。

しかも、二つめとして、こういう話は自分にとって実に都合のいい話です。自分の部下がイマイチなのは親のせいであり、自分の課の業績が上がらないのは部下の親の育て方が悪かったせいだと言っているのです。

本当に仕事ができて人格も優れた上司は、絶対にこんなことは言いません。「自分が預かった若い部下が、やる気をなくしてやめたいと言っている。この部下が自信を持ち、やる気になるためにはどういう導き方をすればいいのか」と一生懸命に考えます。間違っても「育てた親のせいだ」なんて言いません。人のせいにするのではなく、自分の責任で引き受けて努力します。

叱られて育つと、自己否定感と他者不信感にとらわれる

ところで、先ほど「実際に調べた人はいません」と書きましたが、本当は、実際に調べた人たちがいます。それはビジネスマンではなく、教育心理学の専門家たちです。子どもの頃にどういう育てられ方をすると、どういう大人になるのか。親の言葉遣いが子どもの成長にどういう影響を与えるのか。そういったことを調べるのが教育心理学のメインテーマの一つなのです。

専門の研究者が膨大な数の親子と面談したり、実際の親子のやり取りを動画にとって分析したり、練りに練られた質問項目でアンケート調査をするなど、非常に科学的な研究が行われています。

大規模な研究になると、何千人にも及ぶ対象者たちを数十年にわたって追跡調査することもあります。そういった研究の中でわかってきたことは、先ほどの上司たちが言っている紋切り型の認識とはまったく正反対のことばかりなのです。

子どもの頃から叱られることが多かった人、つまり叱られ慣れている人は、自分はダメな人間だと感じて自己肯定感が持てなくなります。すると何事においても「自分はできる」と思えなくなります。そして、「どうせ自分はダメだ」という自己否定感にとらわれ、がんばりがきかなくなります。

同時に、叱ってばかりいる親に対しては「自分のことが嫌いなんだ」と感じ、愛情不足感を持つようになります。このような親に対する不信感を持ってしまうと、その後の人間関係も同じように不信を土台にして作られるようになります。つまり、他人が信じられないという他者不信感です。

自己肯定感と他者信頼感がある人は失敗を乗り越えられる

ですから、「よく叱られて育った人は打たれ強い」というのは、完全な勘違いなのです。そういう人は職場で失敗して上司に叱られると、「どうせ自分はダメだ。自分にできるはずがない。やめるしかない」となりがちです。

しかも、他者不信感もあるので、叱ってくる上司に対して、「あの上司は前から私のことを嫌っていた。私なんかいないほうがいいと思っているんだ。やめさせてもらいます」となりやすいのです。

反対に、子どもの頃から叱られることが少なく十分ほめてもらえた人は、自己肯定感が育ち、「自分はできる。がんばれる」と思えるようになります。同時に、親の愛情を実感できているので、親を信頼する気持ちも育っています。

このような親に対する信頼感がある人は、その後の人間関係も同じように信頼を土台にして作るようになります。つまり、他人を信じることができる他者信頼感です。

こういう人は職場で失敗して上司に叱られても、「だいじょうぶ。自分はできる。がんばれる」となって、実際にがんばり続けることができます。同時に、他者信頼感もあるので、「あの上司は自分のために叱ってくれているんだ。よし、がんばるぞ」と、良い方に解釈してがんばり続けられるのです。

条件付きのほめ方と無条件のほめ方

さて、ここまでほめることの大切さを書きましたが、ほめ方にも大きく分けて二種類あることを頭に入れておいてください。一つめは、子どもが何かをがんばったとき、やるべきことがちゃんとできたとき、できなかったことができるようになったときなどにほめるほめ方です。こういうときは、できて当たり前と思わずに、しっかりほめてあげることが大切です。

でも、実は、これだけでは不十分なのです。というのも、これらは条件を満たしたときだけにほめるほめ方（根拠のあるほめ方）だからです。いつもこういうほめ方だけだと、子どもは「がんばらない自分は受け入れてもらえないのではないか」「良い結果を出さないと愛してもらえないのではないか」と思ってしまう可能性があるのです。

ですから、子どもにはもう一つのほめ方、つまり無条件にほめるほめ方（根拠のないほめ方）も大切です。「生まれてくれてありがとう。あなたがいてくれて本当にうれしい」「どんなあなたも大好き。ありのままのあなたが大好き」「あなたはママとパパの大切な宝物」

こういう言葉をたくさん贈ってもらえた人は、自己肯定感と他者信頼感が大いに育ちます。たとえ大きな失敗をしても、自分と他者を無条件に信頼してがんばれます。根拠がなくても無条件に信頼できることが大きな強みになるのです。

第2章

子どもをやる気にさせる勉強の仕方と学び方

「とりあえず○○方式」で見通しをつけておくと後が楽になる

とりあえず箱に出しておくだけで違う

うちの子はなかなか宿題や勉強に取りかからない。さんざん叱られて泣きながらやる。どうせやるなら、さっさとやっておけば後が楽なのに……。こういう悩みをよく聞きます。これは親たちの悩みで最も多いものの一つです。

でも、叱っているだけでは解決しません。勉強に取りかかりやすいような合理的な工夫をしてあげることが大切です。

これについて、私のメールマガジンの読者がいい方法を教えてくれました。その家の男の子は、学校から帰ってくると家の中に入りもしないそうです。玄関数メートル手前からカバンをポーンと放り投げて、そのまま遊びに行ってしまうそうです。明るいうちに遊ぶのはいいことですが、遊びから帰ってもいつまでも勉強に取りかからず、さんざん叱られてから夜に泣きながらやるので困っていたそうです。

そんなある日、お母さんは叱り疲れてボーッとしていたら、パッといいアイデアがひらめきました。そして、ごく簡単なことをしました。それは玄関に大きな箱を出したのです。カバンが二つくらい入る広さで、深さはそれほどでもありません。

そして、子どもに言いました。「遊んでもいいけど、その前に、学校から帰ってきたら、すぐにカバンの中身を全部この箱の中に出しておこう。それだけはやろう」

「とりあえず準備方式」でさらに一歩近づく

「それくらいならできるよ」ということでやり始めました。すると、これが実によかったそうです。遊びから帰ってくると、その箱の中に全部出ています。当然、宿題のプリントも書き取り帳も漢字ドリルも出ています。たったこれだけのことで、手に取りやすくなってガミガミ叱る回数が減ったそうです。

これがまったく手つかずでカバンの中に入ったままだと、終わりが見えてきません。ほんの少しでも、たとえ一歩でもゴールに近づいておくことが大切なのです。

これは大人の仕事についても言えることです。パソコンが立ち上がっていれば取りかかりやすいのですが、カバンの中に入ったままだとちょっと億劫《おっくう》になります。

さて、私はこのお母さんの話を聞いて、さらに一歩ずつ近づく方法を提案しました。箱の中から勉強に使う物を一式取り出して、テーブルの上に並べておけば、さらに一歩近づきます。その内の一つを開いて下敷きを敷いておけば、さらに一歩近づきます。これを「とりあえず準備方式」といいます。

「とりあえず一問方式」で見通しをつける

もう一つ、とてもいいのが、とりあえず一問やっておくことです。「遊んでもいいよ。でもその前に算数プリント一問だけやっておこう」、あるいは「漢字書き取り一字だけ書いておこう」と言うのです。

一問やるとき、他の問題は全部隠して一問だけ見てやるということはあり得ません。当然、全体が目に入ります。つまり、全体量がわかって終わりも見えるのです。すると、漠然とですが、「だいたいこれくらいでできるな」という見通しがつきます。こうなっていると、本格的に取りかかるときのハードルがぐんと下がります。

これは大人の仕事でも言えることです。何か仕事をしていて、見通しがつかないときは大変です。全体量がわからない、現在地もわからない、あとどれだけやればいいのかもわからない。こういうときは苦しいです。なかなかやる気がわいてきません。

ところが、出口がちらりと見えた瞬間、あとどれだけやればいいのか、見通しがつきます。すると、気持ちが楽になってやる気もわいてきます。仕事も宿題もまったく同じなのです。

この子の場合、一問やるときに軽くスイッチが入るようで、二問、三問、あるいは半分、ときには全部やってしまうこともあるそうです。でも、これはおまけです。たとえ一問でもやっておくとハードルが下がるということです。

このとりあえず一問方式は、夏休みなどの長い休みにも応用できます。例えば、朝食を食べ終わって八時から勉強開始と決めた場合は、朝食を食べる前に一問だけやっておくのです。すると、朝食後に本格的に取りかかるときのハードルが下がります。

大人にも使える「とりあえず○○方式」

実は、私も自分の仕事にこういった「とりあえず○○方式」を応用しています。私は今、教育評論家という仕事をしていますが、仕事の依頼はほとんどメールで来ます。

例えば、「○○というテーマでコラムを書いてください」という依頼をいただいたとします。そのメールを読んだとき、「ああこのテーマか……。けっこう難しいなあ。また後でやろう」と思って何もやらないでいると、どうなるでしょうか。だいたい次の日も、「ああ、これは面倒だな」ということで何もやらないということになります。そして、あっという間に締め切り日ということになりがちです。こういうことを何度経験したかわかりません。

実は、そのメールを読んだときが勝負の分かれめなのです。とにかくゼロで終わらないことです。今私がやっているのは、そのメールを読んだとき、やる気がなくてもそのテーマに関するキーワードを三つくらい書き出しておくということです。つまり、「とりあえずスリー・キーワード方式」です。

やる気がないときは深く考えません。そのテーマについて直感的に浮かんだキーワードを書き込んで、ファイルの名前を付けて、それで終わります。

また次の日、パソコンを立ち上げて、「ああ、このテーマは面倒だな。やる気が出ないな」と思っても、またキーワードを三つくらい書き込みます。その次の日も、だいたいやる気はわかないので、また同じことをします。ところが、このようなことを続けてキーワードがたまってくると、だんだん方向性が見えてきます。

とりあえずちょっとやっておくことが大事

電車に揺られてぼんやりしているときに、「あ、これもいいかも……」などとアイデアが浮かんだりします。そして、あるとき、一気に進むということがあります。

私の経験ですと、だいたい最初に直感的に浮かんだキーワードが意外とポイントを突いたり重要な核になったりすることが多いです。もちろん、ときにはピント外れということもありますが……。

とにかく大事なのは、取りあえずちょっとでもやっておくということです。時間があるときによく調べて、じっくり考えてから書こう、などと思っているとなかなか進みません。

実は、この原稿を書いている今日のことですが、新しい本の初校の校正紙が来ました。以前、忙しさを理由に封筒を開けないままでいたら、あっという間に締め切りで大あわてしたことがありました。今回はすぐ開けて二ページだけやりました。これでだいたいの見通しがつきました。

メリハリのある生活を可能にする模擬時計と時間割

なぜ「時間の見える化」が必要なのか？

子どもがなかなか宿題や勉強に取りかかれない理由の一つは、時間というものをあまり意識していないからです。それは、時間を扱ってきた経験が大人に比べてはるかに少ないからであり、仕方のないことなのです。

時間というものは一つの量なのですが、面積や体積のように目に見えるものではありません。ですから、子どもにとって捕らえどころのないものなのです。

そこで大切なのは、時間が目に見えるようにしてあげることです。つまり、時間の「見える化」です。そのために効果的なのが模擬時計です。

まず、部屋の目立つところに大きめのアナログ時計を掛けます。次に、その横に画用紙で作った模擬時計を貼ります。本物の時計と同じ大きさで同じデザインにします。そして、勉強開始の時刻を表す長い針と短い針を描き、「勉強開始」というタイトルも別紙に書きます。

見えない時間を「見える化」すると無視できなくなる

例えば勉強開始が五時三〇分だとします。本物の時計の針が、五時二〇分、五時二五分と進んでくると、子どもは「もうすぐ勉強の時間だな」「あと五分だ」などと感じます。「見える化」されていると、どうしても自然に意識してしまうからです。そして、だんだん心の準備ができてきます。

すると、五時三〇分になったとき、「ああ、勉強の時間だ」「しょうがない、やるか」となって、取りかかりやすくなります。取りかからないままでいて、時計の針が、三〇分、三五分と進んでいくと、何となく落ち着かない気がしてきます。

「見える化」されていると、完全に無視することができないからです。「見える化」されていないと、時計の針がどんなに進んでも気にならないのですが……。

模擬時計を使えば叱る回数が減る

模擬時計は勉強以外のことにも使えます。ある家庭では、朝食を食べ終わる時刻、着替え終了時刻、登校時刻などを模擬時計で示してあります。

この他にも、お片づけタイム、入浴、就寝など、必要に応じて工夫すれば、叱る回数がかなり減ります。模擬時計を四つくらい貼ってある家もあります。

また、あるお母さんは、百円ショップで買った二つの卓上アナログ時計をテープでくっつけました。そして、片方の電池を抜き、針が朝食を食べ終わる時刻の七時一〇分を指すようにして模擬時計にしました。

これを食卓の子どもの目の前に置いたら、効果抜群だったそうです。というのも、残り時間が減っていくのが目に見えてわかるので、子どもも食べるペースを調整することができるからです。ちょっとせわしない気もしますが、それでもガミガミ叱り続けるよりはマシですね。

ところで、ある学校では会議終了時刻を表す模擬時計を使っています。つまり、会議中はこれを本物のアナログ時計の横に貼っておくのです。すると、参加者がみんな意識するようになり、「あまり時間がないな。発言をコンパクトにしよう」「そろそろまとめに入らないと間に合わないな」などと調節するようになり、会議が延びなくなったそうです。

時間割で「時間の見える化」

時間の見える化という点で、模擬時計と並んで効果的なのが時間割です。学校の各教室には、月曜日の一時間目は国語で八時四〇分から九時二五分まで、二時間目は算数なという表が目に見える時間割として必ず貼ってあります。

貼ってない学校など見たことがありません。このおかげでメリハリのある生活が可能になっているわけで、もしこれがなかったらかなり混乱してしまうはずです。

このように、時間割はメリハリのある生活をする上で非常に大事なものなのです。それにもかかわらず、これが家にある例は極めて少ないのです。

私は、各家庭にもこのような時間割が必要だと思います。家で作る場合は、ホワイトボードに書くといいでしょう。三つか四つのパターンを作って、習い事がある日はAの時間割、塾がある日はB、何もない日はC、土日はDというように使い分けます。

項目としては次のようなものが考えられます。起床、朝食、排便、登校、帰宅、遊び、ゲーム、片づけタイム、勉強、翌日の支度、夕食、テレビ、入浴、就寝。これらの項目を磁石付きプレートに書いて、ホワイトボードに貼ります。

このうち、起床、朝食、排便、就寝の四つは毎日同じ時刻にそろえます。というのも、これらの生理的なものが日によって違うと身体のリズムが乱れるからです。

時間管理のスキルが人生を豊かにする

初めは親子で相談して作ってください。そして、だんだん自分がやりやすいように自分で時間割を作り替えられるように導きます。つまり、自分でプレートを移動するのです。

すると、「ゲームはここに持って来て、勉強はここにしよう」「金曜日は忙しいから、ここところこに分けて勉強したほうがいいな」「ぼくはやっぱり朝早く起きて勉強したほうがいいな。その分、お風呂も早めに入って早めに寝よう」というように、自分で時間の管理ができるようになります。すると、「自分で決めたことだからしっかりやろう」という気持ちになって、メリハリのある生活ができるようになります。

だいたいにおいて、ほとんどの親は、「自分から勉強しなきゃダメでしょ」「ちゃんと計画的に考えてやらなきゃダメでしょ」「時間を意識して行動しなさい」などと口で叱るだけで、子どもが時間を使いこなせるようにするための工夫をしていません。これではいつまでたっても時間を管理する力は身につきません。

大人は手帳などで時間管理をしています。大人ですら、それがないと時間管理はできません。まして経験の少ない子どもにおいてはなおさらです。

ぜひ時間管理の具体的な方法を工夫して、それを使いこなせるようにしてあげてください。時間管理のスキルは学力に直結します。

またそれだけでなく、豊かな人生を生きていくためにも、時間管理はこの上なく大事なスキルなのです。大人でも、仕事で成果を上げている人はプライベートも充実しているということがよくあります。これは、つまり、時間管理のスキルが高いということなのです。子どものうちからこういうスキルを育ててあげてください。

子どもの学力を上げたいなら楽勉がいちばん

本物体験の強烈な印象が興味関心につながる

親はみんな、わが子の学力を上げたいと願っています。では、そのためにどうしたらいいのでしょうか。いろいろな考え方があると思いますが、私のイチオシは楽勉です。楽勉とは、生活や遊びの中で楽しみながら知的に鍛えることです。その中でもまずお薦めしたいのが、本物体験を増やすことです。

たとえば、ある男の子は休日に博物館の特別展に連れて行ってもらい、そこで本物の人工衛星、ロケットエンジン、宇宙服などを見ました。やはり本物は迫力があって、その子はとても喜んだそうです。その後は、テレビで宇宙関係のニュースが流れると真剣に見るようになり、小学生新聞や図鑑を見ていても、宇宙に関する記事があるとよく読むようになったそうです。

このように、子どもは本物を体験すると強烈な印象を受け、そのことに興味関心を持つようになります。すると、生活の中でそれに関する情報が流れてきたとき、意識に引っかかるようになります。

知識の杭《くい》に情報がたまる

これは、川に杭を打ち込むようなものです。流れる川の中に杭を打ち込むと、流れてきた物が引っかかってたまります。

先ほどの子は、生活という流れる川に本物体験によって宇宙に関する知識の杭を打ち込んだのです。すると、その後、生活の中で流れて来る宇宙に関する情報が引っかかってたまるようになりました。

これが数年経つとかなりの情報がたまり、ある程度まとまった知識になります。そうなったところで、学校の授業で宇宙や星の勉強をすると、内容もよくわかって非常におもしろく感じられます。

宇宙に関する知識も興味関心もまるでない子がその授業を受けたとしたら、内容もよくわかりませんし、おもしろいとも思えないのです。

実は、勉強が好きでよくできる子には、このような知識の杭がたくさんあります。ですから、日頃からいろいろなことに知的な興味関心を持ち、情報も自然にたまっているのです。

ということで、子どもたちには本物体験をたくさんさせてあげてほしいと思います。発掘体験をして歴史に興味を持った子もいますし、水族館でメダカの卵を採取する体験をして、魚に対する興味が高まった子もいます。

図鑑で知識の杭が増える

ここまで、楽勉の代表的なものとして本物体験について書きましたが、とはいってもすべてにおいて本物体験をすることはできません。

そこでお薦めしたいのが楽勉グッズであり、その一つめが図鑑です。今、日本では図鑑革命と図鑑ブームが同時に起きていて、図鑑の質が以前と比べものにならないくらい良くなっています。

迫力満点の写真やカラフルで美しいイラストが増えて、見ているだけで楽しくなります。説明の文章もわかりやすくなっていますし、トリビア的な知識を提供してくれるコラムも増えています。中には、付録のＤＶＤで動画を楽しめる図鑑もあります。

しかも、扱う内容の種類も増えています。昆虫、恐竜、動物、植物、魚、鳥、歴史、地理、人体、宇宙、世の中の仕組み、環境、季節と生活など、本当にいろいろなものがあります。

また、以前からあった博物型図鑑だけでなく、新しい発想によるテーマ型図鑑も増えています。たとえば、『なぜ?の図鑑』(学研)では、「なぜオナモミは服につくのか?」「なぜうさぎの耳は長いのか?」など、子どもが不思議に思うことを横断的に扱っています。

また、『くらべる図鑑』(小学館)では、乗り物、動物、人間などのスピードを比べたり、恐竜、ビル、乗り物などの大きさを比べたりしています。

これらのテーマ型図鑑は、もともと子どもが興味を持ちそうなものを選りすぐって載せてありますので、絵本や雑誌を見るような感覚で楽しく読むことができます。

さらに、図鑑の効果的な活用法として、テレビや親子の会話で出てきたことを図鑑で調べるのもお薦めです。たとえば、ニュースで、「去年の立春は二月四日でしたが、今年は二月三日です」と言っているのを聞いて、「えっ、そんなことあるの?」と思ったら季節と生活の図鑑で調べます。

あるいは、お父さんが、「今年は徳川家康が亡くなって四百年だから記念の行事が……」と言ったら歴史図鑑で徳川家康を調べます。こういう生活をしていれば、子どもの中に知識の杭がたくさんできます。

学習マンガは読みやすくて記憶にも残る

図鑑と並んでお薦めしたいのが学習マンガです。今は、書店や図書館に行けば実に多種多様な学習マンガが手に入ります。

たとえば、地球のなぞ、漢字のひみつ、魚のひみつ、単位の不思議、歴史マンガ、都道府県のなぞ、伝記マンガなど、子どもの勉強に役立つものがたくさんあります。

これらは何といってもマンガなので、取りかかりのハードルがとても低いと言えます。つまり、誰でも気楽に読み始められるのです。それでいて内容はとてもしっかりしています。というのも、必ず各分野の一流の専門家が監修しているからです。情報の量も充実していて、一冊の中に小学生にすぐわかるレベルから、大学の教養レベルのものまで含まれています。

たとえば、地球の秘密を扱ったものには、地学・地質学・地球物理学・地球化学・岩石学・鉱物学・海洋学・気象学・地形学などの初歩が含まれています。そこでマントルとか地殻などの言葉を知れば、それらが知識の杭になっていろいろな情報がたまり始めます。

学習マンガで○○博士になる

子どもはマンガを楽しく読んでいるうちに、どんどん知識を身につけます。しかも、ストーリーに関連して覚えるので記憶に残りやすいという長所もあります。

私の教え子で、小学校の三、四年生頃から歴史マンガを読みまくっていた子がいました。その子は、他の勉強はそれほどできませんでしたが、六年生で歴史の勉強が始まったら歴史博士と言われるようになりました。彼はこれで大いに自信を持つことができました。

また、植物の学習マンガを読みまくっていた女の子もいました。この子は、小学三年生のときに、被子植物、裸子植物、単子葉類、双子葉類などという言葉も知っていました。

というわけで、ぜひ、子どもたちに学習マンガを読ませてあげてください。そして、子どもが読んでいるとき、「いい勉強してるね。○○の勉強が好きなんだね」とほめてあげると、子どもはうれしくなってその勉強が大好きになります。

子どもの「好き」を応援すると いいことがいっぱい起こる

子どもの「好き」を否定するか応援するか

私が教えた小学五年生のある女の子は、絵を描くのが大好きでした。でも、お母さんはそれが気に入りませんでした。

「低学年ならともかく、高学年にもなっていつまで絵ばかり描いているの？　そんなことより、もっと問題集をやりなさい」という感じでした。

あるとき、私は学級懇談会で、子どもが好きなことを応援することの大切さを話しました。すると、お母さんは深く納得してくれて、そんなに絵が好きなら応援しようと決意してくれました。

それからは、一緒に美術館に行って本物の絵を見たり、図書館で絵の本を見たり借りたり、というようにいろいろと応援してくれました。そして、あるとき、色数の多い色鉛筆を買ってくれました。

これがとても良い結果をもたらしました。色数が多いことで絵を描くのがますます楽しくなり、出来上がる絵もさらによくなりました。すると、友だちから、「○○ちゃん、絵がうまいね」と言われるようになりました。

そして、ある子が、「この猫の絵、すごく上手だね。ねえ、私にも描いて」と言って紙を持って来ました。それからは、休み時間になると絵を描いてもらいたい子たちが並ぶようになり、ちょっとした行列のできる画家という感じになりました。

絵がきっかけで自信がついた

彼女は元々おとなしくて友だちが少なく、消極的で、授業中に発表することなどめったにない子でした。また、片づけが苦手で、忘れ物も多い子でした。でも、これがきっかけで、すごく元気になりました。

それまでは、朝、お母さんに起こされてもなかなか起きなかったのですが、毎朝飛び起きて、いちばん早く学校に来るようになりました。なぜなら、お客さんが待っているからです。休み時間だけではさばききれなくなっていたので、早く学校に行って絵を描きたかったのです。

友だちもたくさんできましたし、しばらくしたら授業中に発表するようにもなりました。万事において張り合いが出て、毎日明るく楽しく生活できるようになりました。絵のことで自信がついて、いい循環が始まったのです。

これが五年生のときです。次の六年生のとき、私は他の学年を受け持つことになったので、担任が替わりました。

バザーで小物を売りまくる

しばらくして、新しい担任の先生に、「どう、あの子絵を描いてる?」と聞いてみました。すると、「絵なんてぜんぜん描いてないよ」という返事でした。私が、「えっ、描いてないの? じゃあ、何してるの?」と聞くと、「休み時間は友だちと手芸ばかりやってるよ。毎日いろいろ一生懸命作ってるよ」とのことでした。

私は、「やっぱり子どもだなあ」と思いました。子どもは飽きっぽいところがあるからです。でも、それでいいのです。好奇心旺盛でいろいろなことに興味を持ってやってみたくなるのが子どもなのです。

一時期熱中したことは次に生きるので、ムダではありません。絵のことで自信がつき、友だちも増え、それから今度は毎日手芸に熱中している。すばらしいことです。もちろん、お母さんも手芸のことを応援してくれました。

そして、彼女は小学生新聞を読んでいたので、その記事から手芸をＰＴＡのバザーで売るというアイデアを思いつきました。それで、友だちを誘ってＰＴＡの役員さんに頼みに行きました。

「ぜひやってください」ということで許可を得て、バザー当日は、「いらっしゃい。いらっしゃい」と言いながら手芸の小物を売りまくりました。そして、その収益金を福祉団体に寄付したのです。全部彼女がリーダーになって実行しました。数年前なら考えられないことでした。これくらい子どもというものは変わることがあるのです。

自己肯定感と自己実現力がつく

その変化の第一歩は、お母さんが大好きな絵を応援してくれたことです。そのおかげで絵について深めることができ、自信がついたのです。

何事もそうですが、子どもは何か好きなことがあっても、親の応援がないと、それを深めることができません。必要な物も買えないし、情報も得られないし、体験もできません。ですから、他のことよりちょっと好きで終わってしまうのです。

親の応援があると、好きなことをどんどん深めることができます。そして、「これは自信がある。これなら誰にも負けない」と思えるようになります。

こういうものが一つでもできると、子どもは自分に自信を持てるようになります。すると、他のことでもできそうな気がしてきます。つまり、自己肯定感が持てるようになるのです。

また、好きなことを応援してあげると、子どもの自己実現力がつくというのも大きな収穫です。つまり、自分がやりたいことを自分で見つけて、自分でどんどんやっていく力です。

この女の子は、絵や手芸に熱中することを通して、自分がやりたいことをどんどんやっていくことの楽しさを味わったのです。それで、彼女は六年の後半には自ら立候補して児童会の役員にもなりました。このように、自己実現の楽しさを味わった子は、自分でやりたいことを見つけてどんどんやっていけるようになるのです。

生活習慣も改善する

自己実現力のある子は、大人になってからも自分がやりたいことを自分で見つけてどんどんやっていけます。これが本当の自立です。こういう子は、大人になってからも、「自分は何をやればいいのかわからない」と悩むことはありません。

言われたことはできる。宿題も片づけもちゃんとできる。与えられた仕事はきちんとできる。でも、特に自分がやりたいことはない……。子どもでも大人でもこういう人はいますが、ちょっと寂しいですね。

自己実現力のある人は、常にやりたいことがいくつもあり、それに向けて自分で勝手にがんばります。そうすると、その時々の必要性に応じて、生活習慣の面で苦手だったことが直ることがあります。やりたいこと、目的、夢を持ってがんばっている場合、それを達成したいという強い気持ちがあるので、それまでできなかったことができるようになるのです。

時間にルーズだと夢が実現できないし、だらしがないと目的が達成できないのです。忘れ物をしていては達成できないし、挨拶できなければ達成できないのです。このとき初めて、親からいくら言われてもできなかったことが、自らの必要性においてできるようになるのです。

体系的勉強で高層ビル型学力がつき、芋づる式勉強で富士山型学力がつく

上杉謙信のマンガがきっかけで建築士へ

先日、講演先で知り合ったAさんという人からおもしろい話を聞きました。Aさんは、子どもの頃、上杉謙信の歴史マンガを読んで、戦国時代の武将が好きになりました。

それで、歴史マンガを手当たり次第に読むようになり、やがてはマンガ以外の歴史の本も読むようになりました。これで漢字をたくさん覚えたそうです。そして、戦国武将百人くらいについて、名前と幼名、領国の名称、得意な戦法、有名なエピソードなどを覚えてしまったそうです。

親もAさんの好きなことを応援してくれ、各地の城跡や博物館に連れて行ってくれました。城をたくさん見ているうちにその美しさにひかれ、城の本を読むようになりました。それで、有名な城の名称、場所、特徴、領主の名前などをたくさん覚えました。

城の石垣にも興味を持ち、石の積み方の研究も始めました。日本の城だけでなく、中国の城、マヤ文明、インカ文明、エジプトのピラミッドなどの石の積み方を比べてみたそうです。そのうちに粘土やブロックで城の模型を作るようになり、次に紙工作で、やがては木材で作るようになりました。

そうしているうちに、建築一般に興味を持つようになり、ついには建築士になりました。もともと、いわゆる勉強は好きでなかったようですが、建築士になりたいと思ったとき急にエンジンがかかり、どの教科もがんばって勉強するようになったそうです。

勉強には体系的勉強と芋づる式勉強がある

この話は「勉強」というものを考えるときに、とても参考になると思います。一口に勉強と言ってもいろいろなやり方がありますが、大きく二つに分けることができます。それは体系的勉強と芋づる式勉強です。

前者は、いわゆる勉強であり、学問体系・教科体系に則って進める勉強です。文部科学省が決めた学習指導要領に則って進められる学校の勉強や、それを補完する塾の勉強もそうです。国語、算数（数学）、理科、社会、英語などの教科に分けられ、何年生で何を学ぶかを決めたカリキュラムに従って順序よく勉強します。入学試験や入社試験は、この勉強がどの程度身についているかを調べるものです。

後者にはカリキュラムがありません。Aさんのように自分の興味のおもむくままに、その時々の関心に応じて進める勉強です。芋のつるをたぐり寄せると、次々とたくさんの芋が連なって出てきます。一本のつるが中心になっていて、そこにすべての芋がついています。というわけで、自分の興味関心という一本のつるのもとに、戦国時代、城、石垣、建築というように勉強を進めてきたAさんのようなやり方を芋づる式勉強というのです。

そして、この芋づる式勉強の対象は、体系的勉強に直結していない趣味、芸術、スポーツなど、どんな分野でもいいのです。勉強をもっと広い意味で考えて、とにかく自分の好きなことややりたいことに熱中できるようにしてあげることが大事です。そうすると、それに付随して、いろいろな能力が育ち、地頭つまり頭の性能もよくなります。

好きなことに熱中しているうちに地頭がよくなる

その効果については、前回で次の三つを挙げました。①自分に自信がついて自己肯定感が高まる。②やりたいことを自分で見つけてやっていける自己実現力がつく。③生活習慣が改善する。

さらに、今回は学力という点でその効果を考えてみると、新たに二つの点を挙げることができます。まず、一つめは地頭がよくなるということです。

Aさんは、大好きな戦国武将や城について調べたり本を読んだりしているときに、追究力、理解力、読解力、思考力がついたはずです。また、戦国武将百人の特徴や城の名前などを覚えているときに記憶力がついたはずです。

このような追究力、理解力、読解力、思考力、記憶力などは、体系的勉強をする上でも大切な能力です。好きなことだから一生懸命頭を使い、そのときに地頭がよくなるのです。頭がよくなったところに、体系的勉強をすればどんどん頭に入ります。ですから、Aさんが建築士を目指して体系的勉強を始めたら、それがどんどん頭に入り、見事に合格できたのです。

一見ムダな部分が個性的な発想につながる

もう一つは、裾野が広い富士山型の学力がつくということです。実は、勉強法に二つの種類があるように、学力にも二つの種類があります。それは富士山型と高層ビル型です。

富士山には広い裾野があります。一見ムダに思えるくらいに広い裾野があり、それが富士山の高さと美しさを支えています。芋づる式勉強法によって身につく学力は、教科体系から見たらムダに見えるものがいっぱいあります。戦国武将の名前なら入学試験に出るかもしれませんが、石の積み方などは出ません。

そういう意味ではムダですが、実はこのムダに見える部分が、社会に出て仕事を始めてから大いに役立つのです。それは、人が知らないことを知っていて引き出しが多いということだからです。ですから、富士山型の学力が高い人は、仕事のアイデアやビジネスの企画でも、人が思いつかない斬新《ざんしん》で個性的な発想をすることができます。

これに対して高層ビルにはムダな裾野というものがなく、高さを求めて一直線に真上に伸びています。体系的勉強にはこれと同じようにムダな部分がありません。特に、小さいときから「受験、受験、受験」で勉強してきた人は、志望校の過去問題の体系に合わせてムダなく勉強してきています。石の積み方など研究していたら合格できません。

いわゆる勉強が苦手な子は芋づる式勉強を

高層ビル型の学力は、大学受験や就職試験を突破する上で実に効果的です。でも、社会に出て仕事を始めてからは、それだけでは不十分です。みんなが知っていることはとてもよく知っているので、やるべきことは能率的にしっかりできます。これはもちろん大事なことですが、斬新な発想で新しいビジネスの地平を切り開くという点は苦手です。

加えて、親にやれといわれる勉強をひたすらやってきたので、自分がやりたいことを自分で見つけて自分でやっていくという点で弱いのです。つまり、自己実現力が足りないのです。そこへいくと、芋づる式勉強で富士山型学力をつけてきた人は自己実現力が高いので、大人になってからも自分でやりたいことをばりばりやっていくガッツがあります。

子どもの頃からこの二つの勉強法を同時に実行できれば理想的です。でも、体系的勉強が嫌いで苦手な子に対して、それを強要しても簡単にできるようにはなりません。そういう子には、芋づる式勉強の方が向いています。ですから、何でもいいので、自分が熱中できるものをやらせて応援してあげてください。そうすれば、自信もつき、自己実現力もつきます。地頭もよくなるので、やがて体系的勉強もできるようになります。

何と言っても読書！読書こそが子どもを伸ばす

漢字が読めると学力が上がる

ある日の講演会で、私の話が終わってから質疑応答の時間がありました。そこでいくつか質問に答えたのですが、終了の間際に司会者が、「残り時間は一分です。最後になにか質問ありますでしょうか」と聞きました。すると、ある人が手を上げて指名され、「どうしたら子どもを伸ばすことができるでしょうか」と質問しました。

残り時間は三十秒もありません。そこで、私はとっさに、「一つは、子どもが好きなこと、やりたがることを応援して深めさせてあげてください。もう一つは、読書です」と答えました。

瞬間的に答えたのですが、後で振り返ってみても、この二つを選んだのはけっこう的を射ていたのではないかと思います。この二つのうち、前者については前回書きましたので、今回は読書について書きたいと思います。

読書は間違いなく子どもを伸ばします。まず言えることは、本を読んでいると漢字が読めるようになるということです。大人はたいていの漢字が読めるのでそれほどに思わないかもしれませんが、実は子ども時代において、読める漢字の量が多いか少ないかということは学力に決定的な差をもたらします。

読める漢字が少ない子は、本やその他の文章を手にしても読めない漢字がたくさん出てきます。すると、当然ながら内容がよくわからないことになります。しかも、難しい漢字ほど大事な内容を含んでいることが多いのです。

高学年で漢字が読めない子は、教科書もろくに読めません。逆に読める漢字が多い子は、教科書はもちろんその他の本も、ときには大人の本もどんどん読んでいくことができます。

語彙《ごい》が増え、読解力、表現力、思考力が伸びる

本を読んでいると言葉をたくさん覚えます。言い換えると、語彙が豊富になるということです。すると、当然本に書いてある内容を読み取る力、つまり読解力が伸びます。

文章を書くときもいろいろな言葉を使えるので、自分が話したいことや書きたいこと

を的確に表現できるようになります。つまり、表現力が伸びるのです。

言葉をたくさん知っているということは概念をたくさん知っているということでもあります。これによって、思考力が伸びます。というのも、人間が何かを考えるときは、必ず言葉や概念を使っているからです。つまり、言葉や概念は思考の乗り物なのです。

本を読んでいると情報や知識が増え、これらは思考力を伸ばす要因になります。というのも、情報や知識が考える材料を提供してくれるからです。

本を読んでいると、さまざまな書き手の多種多様な価値観や考え方に触れることもできます。すると、自分の価値観や考え方を相対化して客観的に見られるようになりますし、多種多様な価値観や考え方で自分の問題について考えることもできるようになります。こういったことも、思考力を伸ばす要因になります。

情報や知識が増え、多種多様な価値観や考え方を身につけると、物事を本質的な部分から考え直すことができるようになります。周囲のみんなが当たり前と思って思考停止になっていることについても、「本当にそうなのか?」と根底に立ち返り、本質的な部分から考え直す力がつきます。

このように、何事においても自分の頭で考える力がつくと、周囲に流されない自分というものができます。すると、自分に自信を持てるようになりますし、主体的に生きられるようになります。

本を読むと自分の世界を深められる

さらに、本をよく読む子は自分の好きな世界をどんどん深めていくことができます。たとえば、サッカーに夢中、釣りが大好き、習字に熱中しているなどという場合、その子が本を読むか否かによって伸び方が違ってくるということがあるのです。

サッカーが好きで本もよく読む子なら、サッカーの本も読みます。サッカーのノウハウを書いた本を読めば、自分で工夫して練習するようになります。一流のサッカー選手の自伝や伝記を読めば、モチベーションも上がります。

釣り好きな子が釣りのノウハウ本を読めばいろいろな技術が身につきますし、魚の本を読めば魚についての知識が増えます。書道が好きで本もよく読む子なら、書道の歴史、著名な書家の伝記、漢字の成り立ちなどを読み、それらがすべて栄養になります。

どんな分野にしても、本を読むことで自分の世界をどんどん深めていくことができます。本を読まないと、指導者に言われたことをそのままやるとか、自分の狭い発想の中で工夫するだけで終わってしまいます。

これは、大人になって仕事を始めたときにも言えることです。どんな仕事に就いたとしても、本を読むことでその仕事を深めていくことができるからです。

たとえば、先生になった場合、授業のノウハウ本、算数の教え方の本、子どもとのコミュニケーションの取り方を書いた本、保護者と良い関係をつくる本などを読めば力がつきます。そもそも教育とは何かを考える教育哲学の本を読めば、教育について根本から考えることができます。

一生涯にわたって成長できる

さて、ここで私は、小学四年生で受け持った教え子のK君を思い出しました。彼は勉強の成績はそれほど芳しくなく、はっきり言えばできない方でした。でも、本だけはよく読んでいました。

K君は、その後五、六年生になってもそれほど成績は上がりませんでした。ところが、中学に入ってからだんだん伸びてきて、中学三年生では学年のトップになり、結局は地域一番の進学高に合格しました。

その報告を聞いて、小学生の頃の彼を知っている人たちはみんな驚きました。私も驚きましたが、同時に「やっぱり！」という気持ちもありました。

そして、暇さえあれば本を読んでいた彼の姿を懐かしく思い出しました。その時点に至るまでに彼が読んだ本は膨大な量になっていたはずです。それほどの知識の蓄えと思考の積み重ねが学力に反映されないはずがありません。

Ｋ君のような例は珍しいことではありません。教師ならみんなこのような教え子がいるはずです。小さいとき勉強ができなくても、成績がパッとしなくても、読書の習慣がある子は尻上がりに伸びていくのです。

大人でもそうです。仕事を始めた新人の頃はパッとしなくても、読書の習慣がある人は尻上がりに伸びていきます。三十代で追いつき、四十代でブレークする人もいます。

仕事の面だけではありません。本を読み続ける人は、プライベートでも自分の好きな分野を深めていくことができ、一生涯自分で成長を続けていくことができます。それほどまでに読書というものは良いものなのです。

読み聞かせ&読書タイムで子どもが読書好きになる

親の愛情を実感する至福の時間

前回、読書こそが子どもを伸ばすということをお伝えしました。では、子どもを読書好きにするためにはどうしたらいいのでしょうか。

そのためにまず何と言っても大事なのは、小さいときの絵本の読み聞かせです。絵本の中にはすばらしい世界が広がっています。不思議なお話、楽しい物語、びっくりするような情報、初めて知る物事など、子どもがワクワクするものがいっぱい詰まっています。

想像の翼を広げながらお話の世界に浸る楽しさ、好きなお話を何回も繰り返し聞くときの心地よさ。これを味わった子が読書好きにならないはずがありません。

そして、この読み聞かせの時間は、子どもにとって親の愛情を実感として感じられる貴重なひとときなのです。というのも、親は子どもを愛してはいるのですが、実際にはガミガミ叱ることが多くて、子どもは親の愛情を実感として感じられずにいることが多いからです。ところが、この読み聞かせのときにはガミガミ叱らなくてもすみます。

ですから、子どもにしてみれば、親の愛情を実感として感じながら、楽しいお話の世界に浸れるわけです。この二つの幸せがリンクするので、大好きなお母さん、お父さんの温もりを感じながら本の世界の楽しさを味わうひとときは、子どもにとって至福の時間になるのです。

万難を排して読み聞かせをしよう

このようなわけで、子どもが小さいときは万難を排して読み聞かせの時間を取ってほしいと思います。時々ではなく、毎日です。それくらい価値のあることだからです。

でも、実際には、忙しい、時間が取れない、うっかり忘れてしまう、読む絵本がないなどの理由で、実行できていない家庭が多いのです。やらない理由を挙げれば、いくらでも挙げられます。

でも、強い決意をして実行すれば、できないはずがありません。ですから、私は「万難を排して」と強調したいと思います。繰り返し言いますが、それだけの価値があることなのです。

ある家庭では、毎日寝る前と決めて読み聞かせを始めたそうです。すると、しばらくしたら、その時刻になると、子どもが絵本を準備して待ってくれるようになりました。大人が忘れても子どもは忘れなくなるのです。

さて、よくある質問が、「読み聞かせは何年生までできますか」というものです。これに決まりはありません。子どもが嫌がらなければ、何年生でもいいのです。思い立ったが吉日で、そのときから始めればいいのです。実際に、小学四年生から親が読み聞かせを始めて、本好きになったという子もいます。

好きな分野の本から入る

とはいっても、すでに子どもが大きくなっているので、今から読み聞かせはちょっと無理、という場合も多いと思います。でも、あきらめることはありません。何にでも次善の策があるものなのです。

次善策の一つめは、その子の好きな分野の本から入ることです。野球が好きな子には「野球の秘密」「少年野球教室」などのハウツー本、野球少年が活躍する児童文学、「イチロー物語」のような有名選手の伝記などがおすすめです。好きな分野の本なら手に取りやすいですし、それを読んでいるうちに読書に目覚めることはよくあるからです。

二つめは、好きなアニメやドラマに関係した本から入ることです。ある男の子はアニメ、特にジブリのアニメが大好きで、親子でよく見ていました。本はあまり読まない子でしたが、アニメを見た後でそれに関する本を買い与えるようにしたら、けっこう読むようになったそうです。

これは、映像で一度見たものを、本や絵本でもう一度味わうということです。ですから、読書の習慣がない子でも取り組みやすいのです。特に気に入った作品に関する本なら、子どもは喜んで読みます。こういったことがきっかけで、読書が好きになる子もいます。

読書タイムの圧倒的な効果

次にお薦めしたいのは、読書タイムの設定です。つまり、毎日決めた時間帯に必ず読書をすると決めるのです。ネーミングとしては「○○家読書タイム」「親子読書タイム」「十分間読書」などです。

教師だったとき、私は自分のクラスでやっていましたが、読書タイムにはすばらしい効果があることを実感しました。私のクラスでは毎日朝八時から八時二十分まで読書タイムと決めていました。つまり、四月の初めから三月の終わりまで、毎朝同じ時間帯に読書をするのです。

このようにしていると、子どもたちに生活リズムとして読書が定着します。生活リズムとは、毎日同じ時刻に同じことをすることだからです。

生活リズムに組み込まれることで、「さあ、読書だよ」と指示しなくても本を読み始めるようになります。実際、私のクラスでも八時にはみんな本を読み始めていました。中には十分も前から読み始める子もいました。毎日読んでいるので、続きを読みたくなるのです。

そして、読書タイム以外にも、休み時間、給食を食べ終わった後、体育の着替えが終わった後など、ちょっとした隙間時間にも本を読むようになりました。つまり、読書タイムは二十分間でも、それがきっかけになるので、実際には毎日もっと長い時間読むようになったのです。

本の紹介はOK　強制はNG

ということで、ぜひ家庭でも読書タイムを設けるといいと思います。その時間には家族みんなが本を読んでいるという状態にすれば、効果抜群です。そういう状態なら気が散りませんし、この時間は読書をするのが当たり前という雰囲気になるからです。

なお、本の選定については、基本的に本人が読みたい本ということにしたほうがいいでしょう。親が、「そんな本じゃダメ。これを読め。あれを読め」と言いすぎると、子どもは本が嫌いになります。

もちろん、子どもが楽しく読めそうな本を、「これ、おもしろいよ」「この本はちびっ子野球少年が出てきて活躍するよ」「パティシエをめざす女の子の物語だよ」と紹介するのはいいのです。なぜなら、子どもの情報は限られているからです。でも、強制はいけません。紹介と強制の区別は明確につけてください。

業者に宿題代行を頼む親

子どもの倫理観が崩壊する

夏休みの宿題で苦しんだ思い出がある人は多いと思います。私もその一人で、夏休みは初めにさんざん遊んで、宿題は最後の三日間でやっつけるという子でした。

ところで、最近は、この夏休みの宿題を子どもや親に代わってやってくれる宿題代行業者がはやっているそうです。特に多いのは読書感想文と自由研究の代行とのことです。

二〇一五年七月十五日の読売新聞によると、料金は、自由研究一件で一万五〇〇〇円、読書感想文一枚（四〇〇字）で二五〇〇円とのことです。読書感想文は子どもに清書してもらい、漢字のドリルは子どもの字体をまねて書くこともあるそうです。

依頼するのは私のようなタイプの子の親ではなく、中学受験の塾通いで忙しい子どもの親だそうです。つまり、中学受験に出ない自由研究や読書感想文などは時間のムダであり、そんなものはお金を払って業者にやってもらい、その分受験勉強に専念したいということです。

彼らにとっては中学受験に成功するという目的が最高の価値であり、その目的を達成するためだったら何をしてもいいという考えです。まさに、目的のためなら手段を選ばなくていいということであり、倫理観の崩壊です。

こういう親の生き方は確実に子どもに伝わります。親が目の前で見本を見せているのですから、伝わらないはずがありません。

そのような親の元で育った子どもたちが、中学受験、大学受験、就職試験を経て、日本のリーダー的な立場に進んでいくとしたら、これは怖いことです。自分の目的を達成するためなら手段を選ばない、そういう人たちが日本の中枢に君臨するのですから。

子どもの心を傷つける

親のこういう不正行為は、子どもの心を確実に傷つけます。親は子どものためだと割り切っていても、当の本人、子どもの方はそんなに簡単には割り切れません。

自分がやるべき宿題をお金を払ってやってもらうのですから、やはりやましさを感じざるを得ません。これはずるいことであり、やってはいけないことだと子どもも感じます。

友だちにも言えないし、ましてや先生には、絶対に言えないことです。もし、そのように感じない子だとしたら、それこそいちばん心配な問題です。その子にとってまずもって必要な教育は、中学受験の勉強ではなく、こういう行為にやましさを感じられるようにすることです。

さらに、もしその読書感想文や自由研究のできがよくて、先生にほめられたとしたら、子どもはどう感じるでしょうか。さらに、コンクールで何らかの賞などを取ったとしたらどうでしょう。喜びなど感じるはずもなく、やましい気持ちはさらに高まるでしょう。

私の知り合いにも、自分が書いた読書感想文を親がほとんど書き直し、それを清書させられて提出したところ、先生に大いにほめられ、市のコンクールで賞を取った人がいます。その人は、大人になってからもそれが実に嫌だったと振り返っています。これが人として普通の感覚でしょう。

親への不信感が高まる

世間に擦《す》れた親は平気でも、子どもは気にします。そして、そういうことをやらせる親に対する不信感を持つでしょう。

その親は、いつも口では立派なことを言っているかもしれません。約束を守りなさい、友だちには親切にしなさい、人に迷惑をかけてはいけない、ズルはいけない、ウソをついてはいけない、正直に生きなさい、などと。

でも、いざとなると、このようなズルを子どもにやらせようとしているのです。子どもが不信感を持たないはずがありません。

その親は、今後、子どもに何を語れるのでしょうか。夏休みの宿題で、子どもにこのようなズルをやらせておいて、今後、人の生き方について何を語れるのでしょうか。

こういう親は、子どもにカンニングはいけないとは言えなくなります。身代わり受験はいけないとも言えないでしょう。越えてはいけない規範をすでに越えてしまっているのです。

中学受験で合格するという目的のためなら、カンニングもアリです。身代わり受験もアリです。宿題の不正がアリならその二つもアリでしょう。子どもに、「夏休みの宿題はズルしていいのに、なぜこの二つはダメなの？」と聞かれたとしたら、答えようがないではありませんか。

ズルをして合格してもついていけない

そもそも、このようなズルをしてまでも勉強しなければ合格できないというなら、その志望校の設定に問題があります。無理してやっと受かったとしても、受かった後が大変です。

やっと入った中学には、自分より勉強ができる子がたくさんいますから、ついていくのが大変です。ちょっとサボったりつまずいたりすれば、たちまち学年の最下位ということになりかねません。

かつて経験したことのない屈辱の中で、自信を失い、そのまま沈み込んでしまう子どもたちがたくさんいます。転校を余儀なくされたり、登校できなくなったり、さらにはそのまま長い引きこもりの状態に入ってしまったりという例がたくさんあります。

もちろん、私は中学受験をすべて否定するつもりはありません。もし公立の中学しかないとしたら、それは学校を作る自由も選ぶ自由もないということであり、とんでもないことです。独自のカラーを持つ私立中学がたくさんあるのはとても良いことなのです。

でも、問題は、世間のブームや他人の価値観に流されて、本当にわが子のためになるのかも考えずに、無理な受験をするケースが多いということです。

私は、小学生らしい健全な生活を楽しみながら、その子に合った志望校を設定し、受験勉強も楽しんで行い、それで入れる中学に入ればいいと思っています。

「宿題ナシにして」と頼む方が正々堂々としている

以上のように、宿題代行を使うことで、子どもの倫理観をゆがませ、心を傷つけ、親への不信感も持たせることになります。目の前の利益に目がくらんで大事なものを見失う、などということがないようにしてほしいと思います。

どうしても夏休みの宿題をやる時間が取れないなら、親がそのことを正直に先生に話して交渉すればいいのです。

「うちの子は○○中学をめざして一生懸命に勉強しています。勉強時間を十分に確保したいので、夏休みの宿題はナシにしてください」と誠心誠意頼めばいいのです。その方がよほど正々堂々としています。

これに対して、学校はノーとは言えません。なぜなら、夏休みの生活は基本的に親の責任であり、学校便りにもそう書いて配布してあるからです。

「木」の二画目はとめる？　はねる？

「木」の二画目ははねたらバツ？

一年生のある男の子が、漢字のテストで「木」という字の二画目をはねて書いたらバツをもらいました。テストを見たその子のおじいさんが、「これはおかしい。自分が子どもの頃には確かに二画目をはねると教わった」と思いました。

それで男の子に国語の教科書を見せてもらうと、確かに二画目はとめてありました。おじいさんは、「今はこう教えるのか……」と思いましたが、どうも納得がいきません。それで、自分が最近習い始めた書道の教本を見てみると、二画目がはねてありました。おじいさんは、「ほら、やっぱりはねてるじゃないか。この教本はまだ新しいぞ。今でもはねるのが正しいのだ」と思いました。でも、すぐに、「では、子どもの教科書が間違えているのか。そんなはずはないけど……」という気もして、わけがわからなくなりました。

常用漢字表が示している目安はゆるやか

実は、「木」の二画目は、はねてもとめてもいいのです。では、なぜ男の子が書いた「木」の字が漢字テストでバツになったのでしょうか。これには意外と複雑な理由があります。

日本における漢字の使い方の目安を示しているのは常用漢字表ですが、そこで示されている目安は意外とゆるやかです。「木」という字についても、二画目ははねてもとめてもいいと明示されています。

他にもたくさんあるのでいくつか挙げてみます。「切」の二画目、「改」の三画目、「糸」の四画目、「牧」の三画目、これらはいずれも、はねてもとめてもいいのです。「奥」の最後の画、「公」の二画目、「角」の三画目などは、いずれもはらってもとめてもいいとあります。「又」の一画目と二画目の書き始めはつけてもはなしてもいいとあります。「保」の六、七、八、九画目は「木」のようにつけても「ホ」のようにはなしてもいいとあります。「戸」の一画目、「令」の三画目などは横棒線でも点でもよくて、「女」の二画目は三画目の横棒線の上に出ても出なくてもいいとあります。

さらに詳しく知りたい方は「常用漢字表」で検索すればすぐに見ることができます。

書の歴史を無視して勝手に決めることはできない

なぜ常用漢字表はこれほどゆるやかなのでしょうか。それは、古代中国から始まった何千年にもわたる書の歴史の中で、それらの複数の書き方がなされてきているからです。その長い歴史を無視して、現在の日本のお役所が勝手に「木」の二画目はとめなければならないと決めることはできないのです。

でも、当時の文部省は考えました。「はねてもとめてもいい」「はらってもとめてもいい」というように教えると、先生たちも教えにくいし、子どもたちも混乱するのではないか。はっきりした標準が必要ではないか。よし、標準を作ろう。

というわけで、学習指導要領に載せる学年別漢字配当表に「教科書体」という字体を示して、それを「標準」として教えることにしたのです。

学年別漢字配当表に出ている「木」という字は二画目がとめてあり、「切」の二画目、「改」の三画目、「糸」の四画目、「牧」の三画目、これらもすべてとめてあります。「奥」の最後の画、「公」の二画目、「角」の三画目、これらはいずれもはらってあります。「又」の一画目と二画目の書き始めははなしてあります。「保」の六、七、八、九画目は「木」のようにつけてあります。「戸」の一画目は横棒線で「令」の三画目は点です。「女」の二画目は三画目の横棒線の上に出ています。

このように標準が示されたので、子どもたちが使う教科書はすべて字体が同じになりました。つまり、どの教科書でも「木」の二画目はとめてあり、「角」の三画目ははってあり、「戸」の一画目は横棒線なのです。

細かい指導は漢字嫌いを増やすだけ

これによって先生と子どもの負担は減るはずでした。ところが、今度は先生たちが「木」の二画目は必ずとめていなければならず、はねてあるのはバツだと思い込んでしまいました。教科書が全部そうなっているからです。

そう思い込んだもう一つの理由は、「本当はどちらでもいいのだけれど、負担を減らすために標準を示しただけ」という経緯と趣旨が周知されなかったからです。それで、常用漢字表では「どちらでもいい」と明記してあるのに、学校では「こうでなければバツ」と教えている漢字がとてもたくさんあるのです。はね、とめ、はらい、つける、はなす、などを事細かに見て、ちょっとでも違っているとバツにする先生もいます。私も若い頃そうでしたが、それが子どものためだという思い込みがあるのです。

でも、こういう重箱の隅をつつくような指導をしていると、子どもたちの負担が増ええます。そして、いくらがんばっても良い点数が取れないので、漢字が嫌いになる子が増えます。

書き順でも同じことが起きた

ここまで字体について書いてきましたが、書き順でも同じことが起きました。例えば、「点」という字の一画二画は学校では「縦・横」の順番で教えることになっていて、教科書もそうなっています。でも、長い書の歴史では「横・縦」の書き順も広く行われてきました。でも、子どもたちの負担を減らすためということで、かつての文部省が「学校では『縦・横』で教えよう」と決めたのです。

ところが、その経緯と趣旨が周知されていません。それで、子どもたちの負担を減らすために書き順の教え方を一つに決めたのに、今度は先生たちがそれにこだわりすぎて子どもたちの負担を増やしてしまっています。

私は、字体や書き順について、どちらも正しいものはどちらも正しいと教えていいと思います。あるいは、小学校のうちは今のように標準をもとに教えるにしても、義務教育の最後である中学三年生くらいのときに、上記の経緯と趣旨を子どもたちにも説明して、本当はどちらでも正しい漢字があるということを教えるべきだと思います。

とにかく、今のままでは子どもの漢字嫌いが増えますし、豊かな漢字や書の歴史を正しく理解し継承することもできません。私は自分の本名である杉山の「杉」の二画目をはねて書きます。その方が美しいからです。でも、それを見たある子が、「先生、間違えてる」と言いました。それで私は理由を説明しましたが、ほとんどの子は、「杉という字の二画目ははねてもいいし、その方が美しいかもしれない」ということを知らないまま大人になっていくのです。これでは漢字文化をゆがめてしまいます。

ところで、二〇一六年二月に文化審議会漢字小委員会が、「常用漢字で『とめ』『はね』などに細かい違いがあっても誤りではなく、さまざまな字形が認められる」ということを解説した指針案を国語分科会に報告しました。四月にはその解説本も出すとのことで、ようやく改善の動きが見え始めたという感じです。

第3章

気になる子どもの生活へのまなざし

子どもの苦手は合理的な工夫で乗り越えよう

親たちは叱ってばかり

「うちの子は片づけができなくて困る」「いつまでも宿題をやり始めない」「マイペースでてきぱきできない」など、子育て中の親たちの悩みは尽きません。これらの悩みについて、実際に親たちはどのような対応をしているのでしょうか。

実は、ほとんどの場合、子どもを叱って終わりということが多いのです。つまり、「片づけなきゃダメでしょ。何度言ったらできるの！」「どんどん宿題やらなきゃダメでしょ。だらしがない」「早く早く！　ノロノロしない。もっとてきぱきやらなきゃダメでしょ」などと否定的な言葉で叱っているのです。

叱られていると自信がなくなり、親への不信感も出てくる

でも、これでできるようになる子はいません。それどころか、いつもこういう言葉を浴びていると、子どもは自分に自信を持てなくなります。「ぼくってダメだなあ」「私ってダメな子なんだ」「どうせオレなんかダメだよ。できないよ」という結論に至り、自己肯定感が持てなくなるのです。

これは、言い換えると自己イメージが悪くなるということでもあり、チャレンジ精神や向上心の喪失につながります。同時に、否定的な言葉をぶつけてくる親に対する愛情不足感、つまり不信感が出てきてしまいます。つまり、「お母さんはぼくのことが嫌いなのかも」「お父さんは私のことが好きじゃないのかも」という気持ちです。

すると、ますます素直に聞くことができなくなります。同時に、危険なことや反社会的な行動に走る率が高まります。親が心配する姿を見て愛情を実感したい、という衝動が働くからです。

合理的な工夫で乗り越える

では、どうしたらいいのでしょうか。大切なのは、子どもが苦手なことが自然にでき

るように、あるいはちょっとでもやりやすいように、合理的な工夫をすることです。例えば、片づけが苦手なら「片づけタイム」を決めて毎日実行すると効果的です。

私は教師時代に、毎日、帰りの会の時に「一分間お片づけタイム」を取っていました。帰りの会のメニューに入れてあるので、当番の子が、「一分間お片づけタイム。机の中の物を全部出してください。用意、始め」と読みます。それを合図に全員が片づけをします。毎日やっているので、どんな子でも机の中はきれいなものです。片づけのことで叱る必要などまったくありません。

「片づけタイム」は効果てきめん

これを家でもやればいいのです。毎日決まった時間に片づけタイムを三分取ると決め、タイマーをセットして毎日同じ音楽が流れるようにします。そして、音楽が流れたら片づけタイムの開始です。

片づけ方がよくわからない子なら、親が一緒に片づけながら教えてあげます。一応自分でできるのであれば、親子が別々のところを片づけてもいいでしょう。

どちらにしても、家族みんなが一緒の時間に片づけをするのが理想です。でも、それが無理なら、子どもだけでもいいでしょう。

大人でも子どもでも、もともと片づけが上手な人はわざわざ時間を決めなくてもできます。でも、苦手な人はそのための時間を取るしかないのです。そして、時間さえ取れば誰でも必ずできます。

世の中には整理整頓や収納のノウハウは山ほどあり、本や雑誌にもたくさん出ています。でも、いくらそういうノウハウを学んでも実際に時間を取って実行しなければ無意味です。

はっきり言って、片づけが苦手な人の最大の欠点は時間を取らないということなのです。実は、ノウハウはそれほど関係ありません。苦手な人でも時間さえ取れば、それなりに片づくのです。ですから、私はこの「片づけタイム」こそ、片づけが苦手な人のための究極的な方法だと思います。子どものみならず大人にとってもです。

片づけやすい環境も大切

子どもが片づけをしたら、必ず見届けてほめてあげてください。親が見届けをさぼっていると、子どもはすぐにやらなくなり、新しく叱る材料になるだけです。片づけタイムを取り、親がほめ続けていれば、片づけのことで叱る必要はなくなります。いつまでも叱っている親は、自分がやるべきことをやっていないだけのことです。

ところで、片づけタイムを取るのと平行して、ワンタッチ収納やラベリングの工夫で、できるだけ簡単に片づけができるような環境を整えてあげることも大切です。こういう環境がないと片づけに時間がかかるので、苦手な子はますますやらなくなります。

また、自分の部屋や机の周りがきれいに片づいている状態の写真を、目につくところに貼っておくと、あるべき状態のイメージトレーニングになります。

これらの工夫は片づけが苦手な子には難しいので、親の主導でやるようにしてください。一緒に考えるのはもちろんいいのですが、子ども任せにするとまた叱る材料になるだけなので気をつけてください。

子どもは苦手なことを直すのが苦手

「子どものうちなら直る」はウソ

親はつねに我が子の短所を嘆きます。「うちの子はマイペースで、何をやるにも遅い。やりたいことはやるけど、嫌なことは後回し。片づけが苦手で整理整頓ができない。引っ込み思案であいさつもできない」

同時に、次のようにも思います。「大人になってからでは直らない。子どものうちに直さなければ。子どものうちなら苦手なことも直るだろう」

はるか昔から世界中の親や先生たちが、このように「子どものうちなら直る」と思ってきました。でも、これは人類の大人たちの長年にわたる勝手な思い込みであり、集団的な勘違いだったのです。

実は、子どもは自分の苦手を直すのが苦手です！　はっきり言うと、子どもは自分を変えること、つまり自己改造ということがほとんどできません。

新しいものを吸収するのは得意だが……

なぜ人類はそう思い込んでしまったのでしょうか。それは次のような理由からです。例えば、子どもが囲碁を習えば、どんどん覚えてめきめき強くなります。一輪車の練習をすればけっこう早く乗れるようになります。ソロバンの習得も早いし、九九もあっという間に言えるようになります。親子でどこか外国に行って住むようになれば、その国の言葉をどんどん覚えます。

こういったことは、子どもはすごく早い。大人が逆立ちしてもかなわない。なぜなら、子どもの脳は乾いたスポンジのようなもので、吸収力が抜群だからです。新しいものを入れればどんどん入る。大人たちは、そのような子どもの姿を目の当たりにして、「子どものうちなら苦手なことも直るだろう」と思い込んでしまったのです。

でも、本当はこの二つはまったく別の事柄。苦手なことを直すというのは、新しいものを吸収することではありません。もうすでに別のものが入っているのです。つまり、持って生まれた資質というものがあるのです。ですから、これは持って生まれた資質をつくりかえるということであり、自己改造するということなのです。単純に新しいものを吸収するということとはわけが違います。

持って生まれた資質をつくりかえるのは簡単ではない

資質とは才能と性格のことです。

才能としては、例えば生まれつき運動神経がいい、リズム感がある、数学的能力が高い、言語表現が巧みである、絵の才能があるなどです。

性格としては、いつもせわしなくあわただしい人もいれば、のんびりゆったりマイペースな人もいます。やるべきことを先にやらないと気がすまないという律儀な人もいれば、先にやりたいことをやって嫌なことは後に回し、土壇場でなんとかするという図太い人もいます。いつも友だちと一緒にわいわいやっているのが楽しくて幸せという社交的な人もいれば、できたら自分一人で気楽にしている方が落ち着いて幸せという内向的な人もいます。


このように、誰にも持って生まれた資質というものがあります。それをつくりかえるということなのです。どうですか？　簡単な話ではありませんよね。これをやり遂げるためには、強烈なモチベーション、強い意志力、極めて高い人間としての総合力が必要です。でも、子どもにはこういうものはありません。吸収力しかないのです。

子どもには強いモチベーションがない

ですから、苦手なことを直す、つまり自己改造というものは、子どもよりも大人の方が可能性があります。もちろん、大人にとっても簡単なことではありません。でも、子どもよりははるかに可能性が高いのです。大人なら、何か失敗したときに、「このままでは将来もっと困る。今のうちにこれを直さなければ、できるようにしなければ」と考えたりすることで、自己改造への強いモチベーションを持てるようになることがあります。そして、それに基づく強い意志力も発揮できます。

でも、子どもは〝今、ここ〟に生きる存在であり、将来のことを真剣に考えることが本質的に苦手です。ですから、自己改造への強いモチベーションも持てないし、意志力も続かないのです。

また、大人なら「これを直すぞ」と思ったとき、本を読んだり、ネットで情報を取ったり、カルチャーセンターで学んだりして、ノウハウを得ることができます。自分で工夫したり、必要なものを買ってくることもできます。大人には情報も、知恵もお金も行動力もあります。つまり、人間としての総合的な能力が高いのです。子どもにはこういうものはまるでありません。

このようなわけで、子どもは苦手なことを直すのが苦手なのです。人類がずっと思い込んできた「子どものうちなら直る」というのは、まったくの勘違いであり、はっきり言うと真っ赤なウソだったのです。

大人たちは「子どものうちなら直る」と思い込み、子どもたちを否定的に叱り続けてきました。その結果、自己否定感と他者不信感でいっぱいになりました。私は、人類の歴史が争いや戦争の連続だったのはここに原因があるのではないかとすら思います。

私は、大人たちが「子どもは苦手なことを直すのが苦手だ」という真実を理解することが大切だと思います。そうすれば、それに応じた適切な対応ができるようになるからです。

苦手なことは後回しのほうがうまくいく

苦手なことを今直す必要はない

前回は、「子どものうちなら苦手なことも直るというのはウソで、実は子どもは苦手なことを直すのが苦手」ということを書きました。これは今までの常識をひっくり返すことであり、とても大事な視点なので、ぜひ頭に入れてください。

そして、同時にもう一つ大切なことがあります。それは、なにも今直さなくてもいいということです。なぜ、今直さなくてはいけないのでしょうか。なぜ、子どものうちから完璧な人間にならなければならないのでしょうか。

別に今でなくてもいいのです。苦手なことは後回しで大丈夫です。なぜなら、子どもの人生は長いからです。だんだん成長していけば、大人になるに従って、この先いくらでも本人のやる気スイッチが入る機会がやってきます。

やる気スイッチが入る機会は山ほどある

例えば、何か失敗して、「このままでは将来もっと困る。今のうちに……」と考えてスイッチが入ることもあります。または、将来の夢が見つかって、それでスイッチが入ることもあります。なぜなら、自分がやりたいことを実現させるためには、苦手なことを放っておくと足を引っ張るからです。

その夢を実現させるためには、やはり自己改造も必要になるのです。つまり、夢に向かうスイッチが入ると、それに連動して自己改造のスイッチも入るのです。伝記を読んで、「ナイチンゲールってすごいなあ。私も人の役に立ちたい。がんばるぞ！」となるかもしれません。

困っている人を見て、使命感に燃えてやる気スイッチが入ることもあります。例えば、ある高校生は、地震の被災地でボランティア活動をして、それがきっかけで世の中の役に立てる人間になりたいと強く思うようになりました。それまでは、勉強も生活態度もいい加減だったそうですが、猛烈に勉強をするようになったそうです。

あるいは、好きな子ができて、「いいところを見せたい。自分を向上させたい」と思ったり、「結婚したい。そのためにはもっとしっかりした自分になりたい」と考え、それがきっかけになるかもしれません。あるいは、ライバルが現れて、「あの人すごいなあ。ようし、自分もがんばろう」となるかもしれません。

スイッチを押せる人と押せない人がいる

このように、やる気スイッチが入りそうな機会というものは、誰にも山ほどやってきます。でも、実は、ここでまた人生の分かれ目があります。

何かの機会があって、「あ〜、やってみたい。がんばってみたい」と思ったとき、「よし、やるぞ。自分ならできるはずだ」と思える人は実際にスイッチが入ります。つまり、自己肯定感がある人ならスイッチが入るのです。

でも、このとき、「やってみたい……。でも、だめだろうな。どうせ、ぼくなんかできないよ」となってしまって、今ひとつ、スイッチが入らない人もいるのです。つまり、自己肯定感がない人です。

自己肯定感があるかないかで決まる

自己肯定感がある人は、いろいろなスイッチを押すことができます。例えば、仕事において、「これをやってみたい。できるはずだ。よし、やるぞ」「あ、これもいいな。よし、自分ならできる。やってみよう」となります。

また、プライベートでも、「これ、おもしろそうだ。できる、できる。やってみよう」「お～、これも楽しそう。よし、やってみよう」となります。

実際にやり始めて、ちょっとした壁があったときも、「う～ん、うまくいかないな……。でも、自分ならできるはずだ。がんばるぞ」となって、がんばり続けることができます。

ところが、自己肯定感がない人は、仕事でもプライベートでもなかなかスイッチを押せません。たとえやり始めたとしても、ちょっと壁があると、「う～ん、うまくいかないな……。やっぱりダメだ。ダメだと思ったけどやっぱりダメだ」となって、がんばりが続かなくなります。

自己肯定感を育てながら待つ

ですから、親は、子どもの自己肯定感を育てながら待つことが最も大事です。自己肯定感があるかどうかで、人生は決まります。自己肯定感さえ育ててあげれば、自分の人生をどんどん切り開いていけるようになります。

そして、やりたいことが見つかってスイッチが入れば、それを実現するために苦手なこともやらなければならなくなります。そのとき、初めて、自己改造という困難なことも可能になるのです。

「子どものうちに苦手なことを直そう」と考えて叱り続けても、結局は直りませんし、一番大切な自己肯定感がぼろぼろになってしまいます。それでは、後で伸びる芽を摘んでしまうことになります。

このようなわけで、「子どものうちなら苦手なことも直るというのはウソで、実は子どもは苦手なことを直すのが苦手」ということと、「なにも今直さなくてもいい」という二つのことが同時に大切なのです。

今の子どもや若者に手がかかるのは困ったことなのか？

今の子どもや若者は……

ある知人がこう言いました。「自分たちが大学受験をした頃、試験会場に親が付き添ったり、入学式に親が出席するなどということはなかった。ところが、今はごく普通にこういったことが行われている。それどころか、入社式に親を招く会社もけっこうあるようだ」

保育園、幼稚園、小学校、中学校の先生たちは口をそろえて言います。「以前と比べて手がかかる子が増えた。子どもたちが年々幼くなっているように感じる」。高校の先生たちは、「今の高校生は昔の中学生と同じ」と言い、大学の先生たちは、「大学生のレベルが昔の高校生並みになってきた」と言います。企業の年長者たちも言います。「近頃の新入社員はまるで子どもで、使いものにならない。三十歳くらいになってようやく使えるようになる」

とにかく今の子どもや若者は全体的に幼くて手がかかる。未成熟で自立していない。昔はもっとしっかりしていた。それに比べて今の子どもや若者には困ったものだ。こういう話をよく耳にします。

人間の子育てには手間と時間がかかる

でも、私はこういった考え方に賛成できません。私は、これは一概に悪いこととは言えないと思います。なぜなら、生物が高等になればなるほど成熟するまでに手がかかり時間もかかるからです。

たとえば、昆虫は卵を産みっぱなしにするだけで子育てなどしません。これが魚類になると、昆虫に比べて子育てに手がかかります。中には孵化《ふか》した稚魚を親が自分の口の中でしばらく守り育てる魚もあります。

鳥類になるとさらに手がかかります。卵を温めて孵化させ、ヒナにエサを運びます。飛び方やエサの取り方を教えるものもあります。

哺乳類になると、かなりの手間と時間をかけて狩りの仕方を教えたり、仲間集団におけるコミュニケーションの取り方や守るべきルールを教えたりします。中でも飛び抜けて手間と時間がかかるのが人間の子育てです。

このようなことから、生物が高等になればなるほど成熟するまでに手がかかり時間もかかるといえるのです。ということは、今の子どもや若者に手がかかるようになったのは、人類がよりいっそう高等になりつつあるということなのかもしれません。

伸びる人生の最盛期

しかも、寿命も延びています。日本の平均寿命は、女性が約八十七歳で男性が約八十歳です。人生五十年といわれていた頃よりも三十年も長くなり、約一・七倍の寿命になっています。ということは、成熟までの時間も一・七倍になるのが自然というものです。たとえば五〇センチのゴムひもを八〇センチに伸ばすとしたら、どこも同じように伸びます。真ん中だけたくさん伸ばそうと思ってもそうはいきません。人生も、最盛期である真ん中だけ伸ばすことはできないわけで、成長期も老年期も伸びるのです。

ところで、この最盛期が伸びるということはとてもすばらしいことです。たとえば、一人の科学者が最先端で研究できる期間が十年延びれば、大きな成果が得られるはずです。科学の進歩は今まで以上に加速します。芸術家や職人にしても同じです。それぞれの道をより深く極められるようになり、人類の宝物といえるようなものをたくさん生み出してくれるはずです。

教師にしても同じです。たいていの場合若い頃は力が入りすぎて空回りし、二十年、三十年とやっているうちに余分な力が抜けて円熟の境地に達します。子どもたちを長い目で見られるようになり、懐《ふところ》の深い教師になります。今までは、せっかくその境地に達したところですぐ退職となっていたのが、もう少し子どもたちと一緒に過ごせるようになり、これによって多くの子どもたちが救われます。

五十代の美魔女

もちろん、仕事を続ける気力を保つのが大変とか、若者の雇用に影響が出るなどの問題も解決しなければなりませんが、基本的には良いことだと思います。それに、最盛期が長ければ新しい仕事や生活にチャレンジすることもできます。なによりも、せっかく生まれてきたのですから、できるだけ長く元気に生きられるようになればありがたいことです。

あるいは、最近よく耳にする言葉に「五十代の美魔女」などというものもあります。美魔女コンテストなるものもあるようで、みなさん大変美しいです。人生五十年の時代だったら老婆と呼ばれていたであろう年代ですが……。

こういう良いことがあり、その一方で子どもや若者の未成熟というものもあるわけです。一方で美魔女が増えれば、もう一方で若者たちが未成熟になるのは当たり前です。これはコインの裏表であり、表だけもらっておくということはできないのです。

複雑な社会に多くの選択肢

「昔は十五歳くらいで元服し、しっかりしていた。それに比べて今の若者は……」。このようなことがよくいわれますが、私はこれにも賛成できません。

確かに中世の武家では十五歳頃に元服していました。でも、その頃は、ある意味単純な世の中で、武士の子は武士になり、百姓の子は百姓になり、商人の子は商人になるのが当たり前でした。「拙者《せっしゃ》は父上のような立派な武士になります」と言っていればいいわけで、何の迷いもありません。誰でも仕事に就けて大人になれたのです。

ところが、現代では自分が何になるべきか迷いに迷います。複雑な社会の中で非常に多くの選択肢があるからです。さらには、競争も厳しく思うようにはいきません。社会のあり方が違いすぎるのですから、一概に昔の人はしっかりしていたとはいえないのです。

さて、ＮＨＫスペシャル「寿命はどこまで延びるのか」（二〇一五年一月四日放送）によると、三十年後の二〇四五年頃になると、平均寿命は百歳になるということです。そのときは二〇一五年の頃を振り返りながら、「三十年前の若者はもっとしっかりしていた」と言っていることでしょう。

このようなわけで、今の子どもや若者が未成熟で手がかかるといって嘆く必要はありません。

一部だけ見て嘆くのではなく、社会全体を見れば、喜ばしいことなのです。

ですから、いたずらに嘆くのではなく、子どもや若者に手をかけ愛情を注いであげましょう。一人ひとりを本当に大切に育てていきましょう。それは、つまり一律の対応ではなく、できるだけ個々の必要に応じた過不足のない対応をしていくということです。文明の発達とはそういったことができるようになることだと思います。

納得度とやる気は正比例する
百回の小言より一回の啓発

納得すればやる気が高まる

親には、子どもにやらせたいことや守らせたいことがたくさんあります。たとえば、手洗いやうがいをさせたい、危険な飛び出しを止めさせたい、自転車に乗るときはヘルメットをかぶらせたい、歯磨きをさせたい、早寝・早起きをさせたい、などです。

でも、子どもはなかなかやってくれません。どうしたら子どもはやってくれるようになるのでしょうか。

大人がつい忘れがちでありながら、実は意外と効果的なのが啓発です。つまり、その必要性や大切さを子どもが理解できるように教えてあげることです。その必要性について心から納得すれば、自らのやる気が高まって、けっこう自分から進んでやるようになるものなのです。

学校でも授業の中で、子どもへの啓発を行っています。私もうがいと手洗いについての授業をたびたび行いました。

写真、動画、イラストを使うと説得力が高まる

インフルエンザ・ウィルスの顕微鏡写真を見せると、子どもたちは驚きます。咳《せき》やくしゃみの飛沫《しぶき》がどのように飛び散るかを説明する動画を見せたこともあります。子どもたちは想像以上に広い範囲に散らばることを知って驚いていました。

手洗いをする前の手と、石鹸《せっけん》でしっかり洗った手を比べた写真も効果的です。特殊なライトを当てて撮影した写真で、洗う前の手がどれくらい汚れているかがわかります。医者が効果的な手洗いの仕方を説明する動画を見せ、その洗い方で実際に洗う練習をするのも効果的です。

こういう授業の後は、子どもたちは学校でも家でもうがいと手洗いをしっかりやるようになりました。保護者からも、「帰ってくるとすぐうがいと手洗いをするようになりました。今まで何回言ってもやらなかったのに……」という報告をたくさんもらいました。

口頭で「しっかり手を洗いましょう」と言ったり、「ちゃんと石鹸で洗わなきゃダメ

でしょ」「何度言ったらできるの？」などと叱ったりするだけでは、なかなか実行に結びつきません。

というのも、実は子どもたちは手洗いの必要性を本当にはわかっていないからです。「また言ってる。そんなにやらなくても大丈夫だよ」くらいに思っているのです。

ところが、写真、動画、イラスト、専門家の説明などを使って伝えると、ぐんと説得力が増します。そして、子ども自らが、「ああ、そうなんだ。これからはちゃんと手を洗おう」と思えるようになるのです。

資料集めはネット検索で

その納得度が高ければ高いほど実行に結びつきます。つまり、納得度とやる気は正比例するのです。

もちろん、日が経つにつれてだんだん効果は薄れますが、それでもしばらくの間はかなりの効果があります。そして、忘れた頃にまたおさらいをしてあげれば、再びやる気になります。

このようなわけで、家庭でも啓発を大事にしてほしいと思います。でも、こういうことを実際にやっている家庭はあまりありません。啓発の大切さとその効果がわかっている親は極めて少ないからです。

写真、動画、イラスト、わかりやすい説明などは、ネットで簡単に集めることができます。先ほどの例で言えば、「インフルエンザ　予防　手洗い」などの言葉を組み合わせて検索します。「インフルエンザ　動画」「インフルエンザ　画像」などの言葉で検索すれば、すぐに使える動画や画像が出てきます。

交通安全の啓発も、ぜひ！

ぜひとも実行してほしいのが交通安全の啓発です。子どもが事故に遭う前に実行しましょう。

警察が行う子どものための交通安全教室では、走っている自動車が急ブレーキをかけて止まるまで、どれくらいの距離が必要かわからせる実験をして見せてくれます。これは「車は急に止まれない」ということをわからせるのに効果があります。

また、子どもの人形が飛び出して車にはねられる場面を実際に見せることもあります。これはかなり衝撃的なので、子どもたちから悲鳴があがるくらいです。

ネットにはこれらの動画もありますので、それを親子で一緒に見ながら、どういうことに気をつけたらいいか話し合うといいでしょう。自転車の事故で、ヘルメットをしっかりかぶっているのとそうでないのとでは、どのような違いが出るかを教えてくれる動画も効果的です。

もう一つ、ぜひやってほしいのは、実際に子どもがよく通る道や通学路などを親子で一緒に歩いてみることです。親の目で危険なところを見つけ、注意すべき点や安全のための対処法をその場に即して教えてあげましょう。実際の現場で具体的に教えると、非常に大きな効果があります。

以前、私は、交差点で道路ぎりぎりに立って信号待ちをしていた子が、左折する大きなトラックの後輪に巻き込まれそうになるのを目撃したことがありました。

車が曲がるときは後輪が前輪よりも内側を通り、この前輪と後輪の位置の差を内輪差といいます。トラックやバスなどの大きな車だと内輪差が非常に大きくなって危険なのですが、子どもはそのことを理解していません。前輪が通り過ぎた時点で安心してしまい、後輪が自分に近づいていることに気づかないのです。ですから、実際に交差点に立ちながら、そのことを教えてあげてほしいと思います。

「ここで飛び出したらどうなるか?」と想像させたり、横断歩道の位置を確認したりすることも大切です。小さい子の場合は、「右よし、左よし、右よし、渡ってよし」と確認してから渡る練習を繰り返して、身体で覚えるようにすることも大切です。

歯磨きと早寝早起き

歯磨きを習慣づけたいときは、次のようなことを教えてあげると効果があります。

・歯磨きをしないと食べカスが歯に付いたままになり、虫歯菌や歯周病菌などがすみ着いて増える。一個の細菌が一日で一億個に増える。

・子どものときの歯肉炎を放っておくと、歯周病になりやすい。

・歯周病になると、歯が根こそぎ抜け落ちる。

私がおこなった授業では、子どもたちは細菌の写真に目を見張ったり、一個の細菌が一日で一億個になることに驚いたりしながら、歯磨きの大切さを理解していきました。

字数が尽きましたが、早寝早起きをさせたいときは、成長ホルモンのことを説明してあげると効果があります。成長ホルモンは、骨をつくる、身長を伸ばす、筋肉をつけるなどの働きを促進し、脳の発達や記憶力の向上にも関係があります。そして、これは、睡眠が不規則だったり足りなかったりすると、うまく分泌されなくなります。

ということで、「百回の小言より一回の啓発」です。ぜひ、実行してください。

できないことをやってあげていると、子どもはいつまでも自立できない？

罪深いウソ

片づけができないときにやってあげていると、いつまでもできるようにならない。着替えが遅い子を手伝ってあげていると、いつまでもできるようにならない。自分で起きられない子を起こしていると、いつまでも自分で起きられるようにならない。

このようなことを言う人たちがたくさんいます。そのせいで、親たちはみんな、子どもができないことを手伝ったり、やってあげたりすることはいけないことだと思っています。百歩譲って「手伝う」はいいとしても、「やってあげる」などというのはもってのほかだと思っています。

中には、「親がやってあげているといつまでも自立ができない」などと言って脅す人もいます。子育ての本や雑誌にも、そういう話がたくさんあふれています。

でも、本当は決してそんなことはありません。私はそういう話はすべて作り話でありウソだと思います。しかも、実に罪深いウソです。

なぜなら、そういうことを言ったり書いたりする人がいるせいで、親たちは子どもができないことを気持ちよく手伝ったり、やってあげたりすることができないからです。たとえやってあげるにしても、叱りながらでないとできない、ということになってしまっています。こういうウソのせいで、どれだけ多くの親と子が不必要に苦しんでいるかわかりません。

どうしようもないとき、どうする?

子どもがどうしてもできないときは、やってあげればいいのです。そんなことは自立と何の関係もありません。それが、私が強く主張したいことです。

もちろん子どもができないことについては、まずは合理的な工夫をして、少しでもやりやすくしてあげることが大切です。たとえば、片づけができないならワンタッチ収納やラベリング、片づけタイム、朝起きられないなら目覚まし時計や照明の工夫などです。

でも、工夫してもできないこともあります。あるいは、工夫する余地がないこともあります。そういうときどうするかが問題です。お互いどうしようもないとき、どうするかということです。

そういうとき、たいていの親たちは子どもを否定的に叱ってしまいます。「また○○してない。何度言ったらできるの。○○しなきゃダメでしょ」というようにです。

あるいは、手伝ったりやってあげたりすることもあるのですが、その場合も気持ちよくやってあげることができません。どうしても否定的に叱りながらやることになります。

否定的に叱る甚大な弊害

ところが、親がこのように否定的に叱り続けると、子どもにはさまざまな形で弊害が出てきます。しかも、どれも子どもの人間形成に関わる深刻な弊害ばかりです。

まず、否定的に叱られてばかりいると、子どもは自分に自信が持てなくなり、自分はダメな子だと思うようになります。そうすると、何事においても「できる」と思えなくなり、がんばるエネルギーがなくなってしまいます。

また、否定的に叱られ続けることで親子関係が悪くなり、子どもは「もしかしたら親に愛されていないのではないか？」という不安を感じるようになります。これが愛情不足感といわれるものです。

親の愛情不足を感じている子は、親の愛情を確認したいという衝動に駆り立てられます。そして、危険なことや反社会的なことなど、親に心配をかける行動に走ります。万引き、火遊び、落書き、深夜徘徊《はいかい》、物を壊す、友だちをいじめるなどです。

それに対して親が心配します。それを見て子どもは、「ほら、こんなに心配してくれている。愛されている証拠だ。よかった」と安心したいのです。つまり、親が心配する姿を見て愛情を確認したいという無意識的な衝動、これが愛情確認行動なのです。

できないときに気持ちよくやってくれる親

親が否定的に叱り続けることによって引き起こされるこのような弊害は、親たちが思っている以上に深刻です。絶対にこのようなことは避けるべきです。こんなことになるくらいなら、手伝ってあげたり、やってあげたりした方がよほどましなのです。

できないときは全部やってあげ、やる気があって調子がいいときは一緒にやり、ちょっとでもできたときはほめて、それから少し手を離して様子を見たり、また無理なときはやってあげたり……。

このようなことを繰り返しているうちに、だんだんやり方を覚え、自信がついてきます。それによって、できなかったことができるようになることもあるのです。

ですから、できないときはやってあげてください。やってあげると自立ができないなどというのは迷信です。子どもができないときは気持ちよくやってくれる。そういう親の方が、かえって子どもはできるようになります。

やってあげるとき気をつけてほしいのは、叱りながらでなく気持ちよくやってあげるということです。そうすると、子どもはうれしくなって親に感謝する気持ちが出てきます。

「やってもらっちゃった。ありがとう。お母さんも忙しいのに悪かったかな。これからちゃんとやらなきゃ。お母さんが大変なときは私も手伝ってあげなくちゃ」。こういう気持ちになれるのです。

叱られていないから、とがめられていないから、素直な気持ちになれるのです。ガミガミ文句を言いながら否定的に叱りながらやってあげていると、こうはなりません。

その反対に、「今やろうと思っていたのに、なんで勝手にやるんだよ。頼んでもいないのに、何を勝手なことしているんだよ。文句言うならやらなくていいよ。放っておいてよ」という気持ちになってしまい、感謝するどころではありません。そして、ますます反対のことをしたくなります。

本当の自立とは?

大事なことなのでもう一度言います。子どもができないことについて、否定的に叱り続けることだけはやめましょう。それはあまりにも弊害が大きいからです。

まずは合理的な工夫をしてみて、それでも無理ならやってあげてください。「やってあげているといつまでも自立できない」などというのはウソです。

できないときはやってあげて、ちょっとでもできたらほめて、様子を見ながら少しずつ手を離していけばできるようになります。このようなわけで、やってあげると自立ができない、などというのはウソなのです。

そして、私がそういうことを言うのにはもう一つ理由があります。それは、そもそもほとんどの人たちが自立の意味を勘違いしているということです。それについては次回お話しします。

大人はみんな「自立」の意味を勘違いしている
本当の自立とは?

誰も「自立とは何か」と考えたことがない

子どもを自立させたいと、親たちはよく言います。「うちの子は毎日同じことで叱られている。何度言ってもできない。言われなくても自分でできる子にしなければ。ちゃんと自立させなければ」

そこで、考えてもらいたいのですが、自立とは何でしょうか。わが子にとって、あるいは人間にとって、本当に必要な自立とは何なのでしょうか。

みなさんは、それについて考えたことがありますか。失礼ながら言わせていただけば、たいていの親は一分間も考えたことがないと思います。みんなが言うことや本や雑誌やテレビで見聞きしたことを、そのまま受け入れて思考停止状態になっています。

親たちが漠然と思っている自立とはこういうことです。朝は自分で起きて自分で顔を洗い、食事をしたら自分で歯を磨き、自分で着替え、自分で学校の支度をする……。帰ってきたら、自分でうがいと手洗いをして、遊ぶ前に自分で進んで宿題をやり始め、次の日の支度も自分でして、おもちゃで遊んだら自分で片づけ、整理整頓がバッチリできる。いちいち親に言われなくても、こういった生活習慣的なことが自分でできる。それを自立と呼んでいるのです。

本当の自立とは自己実現力があること

でも、本当はそんなものは自立ではありません。それは、親たちがやらせたいことを自動的にやってくれる便利な子というに過ぎません。自立ではなく自動化です。親たちの望み通りに動く、親たちにとって都合がよい、手のかからない育てやすい子というに過ぎないのです。

もちろん、そういった生活習慣的なことはできたほうがいいです。できるにこしたことはありません。でも、実は、今できないことがあってもそれほど心配することはありません。なぜなら、本人がその気になれば一瞬にしてできることばかりだからです。

本当に大切な自立とは、そういったものとはまったく別ものです。ある意味で正反対かもしれません。本当に大切な自立とは、自分がやりたいことを、自分で見つけて、自分でどんどんやっていくということです。つまり、自己実現力のことなのです。「自分がやりたいこと」を「自分で見つける」のです。親がやってほしいことではありません。自分の人生を自分で展開するということです。そのために人は生まれてきたのです。それができる人が本当の自立した人間です。それは大人になって急にできるものではありません。なぜなら、その人の生き方そのものだからです。

子どもの頃からさんざん「そんなことはやめて、これをやりなさい」と言われ続けて大人になり、そこで急に「あなたは何をやりたいの？　自分のやりたいことを自分で見つけなさい」と言われてもできるはずがありません。

自己実現力がある人は苦手な生活習慣も直ってくる

実際に大人でもそういう人はたくさんいます。言われたことは何でもやります。生活習慣もバッチリです。でも、特に自分でやりたいことはありません。こういう生き方はさみしいですね。自立とはほど遠いものです。

本当に自立している人、つまり自己実現力がある人は、仕事でもプライベートでも、自分でやりたいことを見つけてどんどんやっていきます。そういう人は同時に自己肯定感も高いので、「これをやりたい。自分ならできるはずだ」となって、勝手にスイッチを入れて勝手にがんばります。

自分で決めた目標や夢ですから、大いにがんばります。すると、その途中で、苦手だったこともだんだんできるようになることが多いのです。なぜなら、「Aをやりたい」と思っても、時間にルーズでは成し遂げられないからです。そこで初めて時間を守るようになります。「Bをやりたい」と思っても、忘れ物ばかりしていては達成できません。そこで初めて忘れ物をしなくなります。

挨拶《あいさつ》ができなければ夢をかなえることができないとわかったとき、挨拶ができるようになります。片づけができなければ目標を達成できないとわかったとき、片づけができるようになるのです。

ですから、本当に自立している人は、子どもの頃に苦手だった生活習慣的なこともだんだんできるようになります。親がいくら叱ってもできなかったことが、本人がその気になれば一瞬にしてできるようになります。それ以前には、モチベーションがないので無理なのです。

子どもがやりたがることをやらせて応援しよう

では、どうしたらこのような自己実現力がついて、本当の自立ができるようになるのでしょうか。そのためには、子どもがやりたがることをやらせてあげるのがいちばんです。そして、さらに深められるように応援してあげてください。

ある男の子はブロック遊びが好きで、お母さんがそれを応援してくれました。お母さんは、まずブロックを買い足して数を増やしました。それから、作品ができたら子どもの説明をしっかり聞くようにして、がんばりや工夫をほめました。

作品を玄関に飾ってみたら、子どもが大喜びしました。それを見てお客さんがほめてくれました。作品をバラバラにする前に、写真を撮ってプリントアウトしました。それをおじいちゃんやおばあちゃんに送って、ほめてもらいました。ときには、ネットでブロックの作品例を探して見せてあげました。これもけっこう刺激になったそうです。

できないことはやってあげよう

これは一つの例ですが、このように親が応援してくれると、子どもは好きなことをどんどん深めていくことができます。すると、「自分はこれが得意だ」と思えるので、自信がついて自己肯定感が高まります。そうなると、他のことでもできると思えるようになります。

同時に、自分がやりたいことを自分で見つけてどんどんやっていく自己実現の喜びを味わうことができます。こういう経験をたくさんさせてあげることで、自己実現力がつき、自立できるようになります。

ですから、生活習慣的な面で苦手なことは、できるように工夫してあげて、それでも無理ならやってあげてもいいですから、いつまでもそんなところをつつかないでください。その分、もっと伸ばせるところを先にどんどん伸ばしてあげましょう。そうすれば、良い循環が始まります。子育てや教育のコツは、「難しいことは後回しにする。先に上げられるところから上げていく」ことです。

子どもの偏食・食べ物の好き嫌いをどうする？

無理矢理食べさせられてトラウマに

これはある雑誌の編集者に聞いた話です。彼は子どもの頃、ピーマンが大嫌いでした。あるとき、料理の中にピーマンがたくさん入っていたので、それを選り分けて全部残しました。

すると、お母さんが大いに怒って、「全部食べないと、明日デパートに連れて行かないよ」と言いました。日曜日にデパートに行って、屋上にあるメリーゴーランドやゴーカートに乗るのが当時の彼の最大の楽しみだったのです。

それで、彼はがんばってピーマンを食べました。途中で吐きそうになりましたが、お茶で無理矢理飲み込みました。食べ終わった後は入念に歯をみがいて、口の中のピーマンの痕跡を消し去りました。

その結果デパートには行けましたが、その後が悲惨でした。というのも、それからけっこう頻繁《ひんぱん》にピーマンが出るようになったからです。たぶんお母さんが、「今のうちに好き嫌いをなくそう」と決意したのでしょう。彼はお母さんが怖いので、がまんして食べたそうです。

大人になった今、彼は一人で住んでいます。ピーマンは絶対に食べません。というより、食べられないそうです。

彼は子どもの頃、ピーマン以外にもブロッコリーやゴーヤも大嫌いでしたが、今は、それらは普通に食べられます。でも、ピーマンは食べられません。彼は「強制的に食べさせられたトラウマだ」と言っています。

そして、お母さんとは冷え切った関係になっています。お母さんのことは「嫌い」というより「怖い」ようで、できるだけ会わないようにしています。

親子関係も崩壊

私は今まで似たような話を何人かから聞きました。お母さんから苦手なグリンピースを強制的に食べさせられた女性もいました。その女性は、グリンピースは食べられるようになりました。でも、この雑誌の編集者と同じように、お母さんのことが怖くて会わないようにしていると言っていました。つまり、親子関係が崩壊して冷え切った関係になっているのです。

学校の給食で、先生にバナナを強制的に食べさせられた男性もいました。彼はいまだにバナナの匂いすら気持ち悪く感じるそうです。

世の中にはこれに似た話がどれだけあるかわかりません。そして、今も日々同じようなことが行われているのです。先日も、あるママさんが、「息子に青魚を無理矢理食べさせたら食べるようになった」などとうれしそうに話しているのを聞きました。

もちろん、食べ物の好き嫌いは少ない方がいいです。ですから、親としてできることはしてあげてほしいと思います。でも、それ以上のことをしてはいけません。

親にできることはしてあげよう

親にできることといえば、まずは料理の工夫です。つまり、嫌いなものでもおいしく食べられるように工夫することが大切です。料理の仕方を工夫することで食べられるようになるのはよくあることです。

嫌いな食材を自分で栽培してみるのも効果的です。ある子はオクラが食べられませんでした。そこで、この親子は家庭菜園でオクラを育てることにしました。本人が収穫したオクラをお母さんが料理してあげたところ、ちゃんと食べたそうです。

啓発も効果的です。つまり、その食べ物にはどのような栄養があるのか、健康のためにどのように役立つのか、食べずにいるとどうなるのか、などについて教えてあげるのです。

親が話してあげてもいいですし、絵本を使うのもいいと思います。今はそのような絵本がたくさん出ていますので、ネットや図書館で探してみてください。

子どもが、「なるほど、そうなんだ。やっぱり食べた方がいいな。食べられるようになりたいな」と思えるようにしてあげることが大切です。

強制的に食べさせるのはやめるべき

こういったことは、ぜひやってあげてください。でも、それ以上の、やってはいけないことをやってはいけません。つまり、強制的に食べさせるということです。

そのようなことをすると、トラウマが残る可能性があります。冒頭の編集者も、強制的にピーマンを食べさせられた結果、大人になった今もピーマンが食べられないのです。注目してほしいのは、強制されなかったブロッコリーやゴーヤは普通に食べられるようになっているということです。大人になる過程で、あるいは大人になってから、人間の味覚はけっこう変わるものです。それで、子どもの頃に食べられなかったものも自然に食べられるようになることも多いのです。でも、トラウマになってしまったら、難しいと思います。

子どもの好き嫌いは自分を守るための安全装置

子どもに苦手な食べ物が多いのには合理的な理由や必要性があり、大人になってその必要性がなくなれば、自然に食べられるようになることが多くなります。

どういうことなのか、説明します。人間には甘味、塩味、旨味、酸味、苦味という基本的な五つの味覚があります。甘味はエネルギー源の炭水化物を感じ取り、塩味はミネラルを、旨味はタンパク質を感じ取ります。

子どもはこれら三つの味覚が好きで、残りの酸味と苦味が苦手です。というのも、酸味は酸を感じ取るのですが、酸は食べ物が腐っている証拠でもあるからです。そして、苦味があるときは毒が発生している可能性があるからです。

子どもは大人ほど経験がないので、食べ物を見たときに、腐っているか、毒があるかなどの判断ができません。それで、防衛反応として、酸味や苦味をおいしく感じないようになっているのです。

安全装置が解除されれば食べられるようになる

また、見た目の問題もあります。例えば、子どもはナスが嫌いなことが多いのですが、その理由を帝京科学大学の上田玲子教授が解明しました。ナスの料理はたいていの場合、見た目がぐちゃっとしています。子どもはそれを見て、無意識的かつ本能的に「腐っている。食べてはいけない」と感じ取ってブレーキがかかるそうです。

もちろん、個人差もありますので、ほとんど当てはまらない子もいます。でも、一般的に子どもにはこういう傾向があるということは理解しておく必要があると思います。

こういうわけで、子どもに好き嫌いが多いのは、味覚的にも視覚的にも、子どもが自分を守るための安全装置が働いているからなのです。ですから、大人になって判断できるようになり、安全装置が解除されれば、自然に食べられるようになることが多いのです。

親は工夫をしながら、長い目で見てあげてください。そして、毎回の食事時間が楽しく幸せなものであることを最優先にしてあげてください。

スマホ、ライン、ツイッター、ゲームがやめられない！まずは親子の本音トークから

コミュニケーション不足が問題を大きくしている

子どもがスマホ中毒になって、ラインとツイッターばかりやっています。ゲームにもかなりの時間を取られています。叱ると猛反発して話になりません。

こういうお悩みをよく耳にします。見かねた親が一方的にルールをつくって、「この約束を守りなさい」と押しつけ、当然子どもが守るはずもなく、親が毎日ガミガミ叱り続け、親子関係も険悪になってしまっている……。こういう例がたくさんあります。

親が心配する気持ちはわかりますが、このような上から目線の一方的な対応で状況が改善することはあり得ません。子どもは、「親は現実を何も知らない。子どもの気持ちをわかろうともしない。何も知らないくせに押しつけてくる」と感じ、よけい心が離れていくだけです。

そして、親は親で、「こっちがこんなに心配しているのに、子どもは親の気持ちがわかっていない」と思っています。つまり、この問題の困難さの土台には、コミュニケーションの決定的な不足があるのです。

子どもの話を共感的に聞くことで本音を引き出す

ですから、状況を改善するための第一歩として、親子のコミュニケーションを十分にし、お互いがわかり合う努力が大切です。そのためには、親子の腹を割った話し合い、つまり本音トークの機会を持つ必要があります。

本音トークのためには、まず子どもが本音を言えるようにすることが大切であり、そのために絶対必要なのが共感的に聞くということです。ですから、子どもが、「みんなやってるよ。ラインもツイッターもゲームも……。私だけやらないなんてあり得ない。仲間はずれになっちゃうよ」などの本音を言ったら、決して否定することなく、共感的に聞いてあげてください。

「確かに、みんながやってるとやりたくなるよね。一人だけやらないというのも、なかなか難しいかも」と共感して、その気持ちをわかってあげましょう。子どもには子どもの事情があるので、それを理解してあげることが大切です。

親が共感的に聞いてくれると、子どもは素直な気持ちになれるので、もっと深い本音も明かしてくれるかもしれません。実際にこれを実行した人によると、子どもが、「やりたくてやってるわけでもないし……。これでもけっこう大変なんだよ。すぐに返信しないとって思うから、いつもチェックしていないといけないから。けっこうめんどくさい」と打ち明けてくれたそうです。

親も真摯《しんし》な気持ちで本音を話そう

親に共感してもらえると、子どもは、「お母さん、お父さんは私の気持ちをわかってくれる」と感じることができ、親に対する信頼が高まります。

そして、子どもの本音を引き出したら、親も本音を言うようにします。「よくわかったよ。でも、親としては心配なんだよ。ずっとスマホを見てるからさ……。目にもよくないし、勉強も寝る時間もなくなっちゃうよ」と心配する気持ちを伝えましょう。

また、「スマホの悪質サイトに引っかかって事件に巻き込まれる子もいるし……。たとえば、こういうこともあったよ」と具体的な事件の情報を伝えて、その危険性についても話してあげるのもいいでしょう。

このときも、上から目線で押しつけるような話し方でなく、同じ人間同士として真摯に心配する気持ちを伝えるという姿勢が大事です。親が初めに子どもの話を共感的に聞いてあげていると、子どもも親の話を共感的に聞いてくれるようになります。

このように、お互いの本音を聞き合う中で信頼関係を築きつつ、次の段階のルール決めに進みます。ルールを決めるときに大事なのは、これまでと同じく、上から目線で押しつけないということです。同じ人間同士として交渉のテーブルに着くことが大事です。つまり、これはTPPの外交交渉のようなものです。外交交渉ですから、冷静に話し合い、主張し合ったり譲り合ったりしながら、お互いに納得できる着地点を見つけていきます。

ルールに入れるのは、例えば、やる場所、時間帯、条件などです。勉強後にやるとか、食事中はやらないとか、何時以降はスマホに触らないとか、子ども部屋に持ち込まないなどです。

例えばこんなルールが必要

次のようなことも大事です。

▼フィルタリングを解除しない。セキュリティソフトの導入と更新をする。OSの更新をする。迷惑メール対策サービスを活用する。たとえ無料のアプリでもダウンロード

は勝手にしないで親の許可を得る。

▼有料サイトは利用しない。するのであれば許可を得てから。

▼知らない相手とやり取りしない。知らない人と実際に会ったりしない。知らない相手からのメールのURLはクリックしない。知らない相手からのメールに返信しない。チェーンメールは転送しないで親に相談する。

▼個人情報（名前、メールアドレス、電話番号、学校名、塾名、住所、位置情報など）がわかることは書かない。家族や友だちの情報も書かない。写真で撮影位置の情報がわかることがあるので、知らない相手に送ったり投稿したりしない。

▼プロフサイト（自己紹介サイト）に個人情報や写真を登録しない。

▼陰口、いじめ、仲間はずれはしない。

▼充電器はリビングに置く。○時には充電器にセットする。一日○時間まで。一か月に○円以上やらない。○時から○時は使わない。自分の部屋やお風呂ではやらない。食事中はやらない。歩きスマホや自転車スマホをしない。

▼ルールが守られたか、親は必ず毎日見届ける。六日間守れたら日曜日は余分にやっていい。守れなかったときは次の日は半分にする。

▼困ったことがあったらすぐ親に相談する。親は叱るのではなく相談に乗る。親子はお

互いに話をしっかり聞き合う。

メディアと上手につき合える自己管理力をつけよう

この他にも、「スマホ　子ども　家庭　ルール　約束」などのキーワードをいくつか組み合わせて検索すれば、ルールの例などの情報が見つかります。ルールを決めたら、忘れないようにホワイトボードに書いて、見えるところに置きます。

このように、子ども自身もルール作りに関わることで遵守《じゅんしゅ》意識が高まります。また、親が見届けをして、守れていたらほめ、守れていなかったら守るように言うことも大切です。どうしても現実に合わないルールがあれば、もう一度話し合って作り直しましょう。

このように親子が協力し、一緒に試行錯誤しながら、魅力的なメディアと上手につき合うための自己管理力を身につけていくことが大切です。これは現代の子どもたちにとって必須の能力なのです。親が一方的にガミガミ叱るだけでは身につけられません。

子どもが店の商品を触り始めたとき、どうする？

過干渉型と放任型の親

私は講演のために新幹線で移動することが多いのですが、そこでいろいろな親子を目にします。子どもの中には、じっと座っているのに飽きて、席を離れて通路をちょこちょこ歩き出す子もいます。つまり探検に出かけるのです。ここをずっと行くとどこに行くのかな、あのドアの向こうには何があるのかなと、興味津々、わくわくしながらやる気満々で歩いていきます。

子どもが席を離れて歩き出したときの、親の対応には三つのタイプがあります。

一つめは、すぐに叱って止める過干渉型です。「どこ行くの？　ちょろちょろ動かない。言うこと聞かないと、もう連れてこないよ」という感じです。

二つめは、放任型です。子どもが歩き出しても放っておきます。子どもがかなり遠くまで行ってしまってからあわてて追いかけ、「何やってるの！　勝手なことしちゃダメでしょ」と叱りながら連れ戻します。

三つめは、過干渉と放任の両極端に偏ることなく、ちょうどいい対応ができるバランス型です。子どもが歩き出すとニコニコしながらついていきます。つまり、子どもの好奇心とやる気を尊重してつき合ってくれる親です。

理想はバランス型

子どもが自動ドアを越えて、デッキに出ます。トイレの開閉ボタンを見つけて、「これは何だろう？　押すとどうなるのかな？」という感じで、興味本意で押そうとします。

さて、このとき親はどうすればいいのでしょうか。もちろん、トイレの中に人が入っているとか、あるいはトイレを待っている人がいるなどの場合は、止めなくてはいけません。

でも、そうでなければ、特に誰かに迷惑をかけるわけでもないなら、ましてや危険なこともなければ、ぜひ押させてあげてほしいと思います。子どもは、「お～、開いた。今度は閉まった！」という感じで喜びます。機械を扱えたというちょっとした達成感も味わえますし、それが自信にもなります。

もしかしたらデッキにあるゴミ箱をのぞくかもしれません。汚れていて触らない方がいいとか、のぞくことでゴミが散らかるなどという場合は止めなければいけません。でも、そうでないなら、のぞかせてあげてください。大人にとってはただのゴミ箱ですが、子どもにとってはとても不思議な空間であり、調べてみたくてたまらないのです。

デッキにいたとき電車が駅に止まって、ドアが開いて子どもには危険な状態になったという場合は、身体をつかまえてその動きを止める必要があります。

次に、子どもがデッキを通り抜けて次の車両に入ろうとするかもしれません。そこが多くの客で混んでいて迷惑になるという場合は、止めなくてはいけません。でも、危険なことや迷惑をかけるようなことがなければ、できるだけ子どもにつき合ってあげてほしいと思います。

放任型にも二種類ある

別の例で考えてみます。例えば、親子でショッピングモールに行き、子どもがおもちゃ売り場やお菓子売り場などに近寄っていったとします。こういうときも親の対応は三つに分かれます。

一つめは、すぐに叱りながら止める過干渉型です。「どこ行ってるの？　勝手に行かないよ。ダメダメ、おもちゃなんか見ないよ。言うこと聞かないと、もう連れてこないよ」という感じです。そして、子どもが余分なことをしないようずっと目を光らせていて、少しでも何かしようとすると、「ダメ！　こっちにいらっしゃい！　勝手なことしないでおとなしくしてなさい！」と叱ります。

二つめは、放任型です。子どもが何をしても止めません。子どもがお菓子の袋を開けようとしても、おもちゃを触って壊しそうになっても止めません。

放任型にも二種類あります。

まずは、自分の買い物に夢中で、あるいはスマホの画面に気を取られたままで、そもそも子どもに注意を向けていないので、子どもが何をしていても気づかない親です。

もう一つは、気づいていても止めない親です。人に迷惑をかけてはいけないということを、親自身が知らないのかと疑いたくなるような親も実際にいるのです。

止めるときの言葉も大事

三つめはバランス型で、これが理想です。子どもがお菓子やおもちゃの売り場に近寄っていったら、親もそれにつき合います。子どもが商品を見ているだけなら危険でもないし、誰の迷惑にもなりませんから、それにもつき合います。

触っても大丈夫なものなら、子どもが触るのを見守ります。必要に応じて、「そうっと触ろうね」とアドバイスします。そして、これ以上触ると商品が傷んだり汚れたりするというところでは止めます。

もちろん、最初から触らないほうがいい商品は、子どもが触ろうとしたときに、すぐ止めます。これはその場の状況で判断することが大事です。そのためには親が近くで見守る必要があります。

子どもを止めるときの言葉も大事です。「ダメダメ！」「いい加減にしなさい！」と否定的かつ感情的に叱りながら止める必要などありません。

「これは売り物だから触らないでね」「袋が破れると売れなくなっちゃうから見るだけにしよう」「壊れやすいから触らないよ」「それ以上触ると汚れちゃうからもうやめよう」というように言ってあげます。

このようにしていれば、子どもはだんだん「なぜそれをしてはいけないのか」「どこまでよくて、どこからダメなのか」がわかってきます。そして、判断の基準、行動の規範を学んでいくことができます。

年齢が小さくて、言ってもまだ意味がわからない子なら、なおさら否定的かつ感情的に叱るのはよくありません。何がいけないのかわからないまま、自分が否定されたという感情だけが残ってしまうからです。

そういう子の場合は、「あっちには何があるかな?」などと言って、その場から上手に離れさせるとよいでしょう。あるいは、別のものを見せて、「これ、おもしろいよ」と上手に注意をそらすのも効果的です。

危険でもなく迷惑もかからないならやらせてあげよう

何でもすぐ止めてしまう過干渉な親だと、子どもは自分がやりたいことを抑える習性が身についてしまいます。これでは意欲的な人生を生きられなくなります。

また、放任型の親だと、子どもは判断の基準や行動の規範が身につかないままになります。危険なことや迷惑なことにもブレーキがかけられなくなってしまう可能性があります。

では、どうすればいいのでしょうか。ひと言で言えば、危険でもなく迷惑もかからないなら、やらせてあげるということです。それができる親なら、子どもはやる気にあふれた意欲満々の人に成長します。

あとがき

「高校生がバットで親を殴打した」「成人した若者が親に刃物で云々」。こういうニュースを聞くたびに悲しい気持ちになります。

近年、若者の犯罪自体は減っているのですが、それでも親子関係を巡る深刻な事件のニュースがなくなることはありません。親子だったら最高に良い人間関係になれたはずです。でも、なれなかった……。それどころか最悪の人間関係になってしまったのです。

こういった事件にならないまでも、他人以上に冷え切った親子関係は至るところにあります。自分の親のことが大嫌いで二度と会いたくないと思っている人、親を憎み恨んで許せない気持ちでいる人、成人してからも親を過度に恐れている人、こういう人たちがたくさんいます。

なぜこんなことになってしまうのでしょうか。その原因の第一歩はどこにあるのでしょうか。もともと無力な子どもの方に、原因の第一歩をつくる力などあり得ません。その第一歩は親の方にあると言わざるを得ません。親が子どもを育てる過程で、親子関係が崩壊してしまったのです。

親は圧倒的な権力者であり、子どもは弱い存在です。その権力に溺《おぼ》れている親たちがたくさんいます。そういう親は子どもにやりたい放題、叱りたい放題です。

権力に溺れることのない賢い親なら、子どもを一人の人間として尊重できる人権意識の高い親なら、ひどい言葉で叱ったりせずに、丁寧で穏やかな言い方で諭すことができます。そういう親なら親子関係が崩壊することもありません。でも、そういう親は非常に少ないです。

親が毎日子どもを叱り続けることで親子関係は崩壊します。子どものためだ、しつけのためだと言いつつ、ひどい言葉を浴びせ続けていればそうなるのです。

この一連の過程で、苦しむのは子どもだけではありません。実は、権力を振るっている親もまた苦しんでいます。多くの親が苦しみながら子育てをしています。

本当は心の中では「もう子どもを叱りたくない」と思っているのです。「もっと子どもと仲よく楽しく生活したい。毎日にこにこ笑いながら生活したい」と思っているのです。でも、それができません。

子育ては本来楽しいもののはずです。かわいいわが子を育てる日々が楽しくないはずがありません。でも、実際には楽しむどころか、親子で非常に苦しんでいる人たちがたくさんいるのです。

なぜこんなことになってしまうのでしょうか。理由はいくつかありますが、子育てについての勘違い理論が世間に横行しているということも大きいと思います。

例えば、世間ではよく次のようなことが言われています。

＊今の若者はほめられてばかりで、叱られたことがないから打たれ弱い。
＊しつけのためなら、ときには叩くことも必要。子どもへの愛情があれば叩いても大丈夫。
＊子どもの困った性格や人間性は、小さいうちに直さなければ、大人になってからでは直らない。
＊子どもができないことを親がやってあげてはいけない。そんなことをしていると、子どもが自立できなくなる。
＊習い事をすぐやめるとやめ癖がつく。始めたからには簡単にやめてはいけない。
＊偏食は子どものうちに直さなければならない。食べ物の好き嫌いをしているようでは、困難から逃げるような人間になってしまう。
＊忘れ物をして自分が困れば懲《こ》りて直すだろう。だから放っておく。
＊靴の整頓ができないようではスポーツもうまくならない。

＊子どもを甘えさせてはいけない。甘えさせるとわがままになる。
＊子どものやりたいことばかりやらせているとわがままになる。

本文に詳しく書きましたが、これらはまったくの勘違いであり、事実ではありません。それどころか、事実はこれらの正反対なのです。

でも、こういったことを世間の人たちがまことしやかに言うので、子育て中の親たちも信じてしまっています。それによっていたずらにしつけ主義に走り、できないからといって子どもを叱って苦しめています。それによって親自身も苦しんでいます。

本書では、世間に蔓延《まんえん》するこれらのステレオタイプな勘違い理論にメスを入れ、なぜ勘違いなのかを解き明かしています。同時に、目の前の子どもたちの困った状態を改善する具体的な方法もたくさん紹介しています。それは、一つには子どもができるようになるための合理的な工夫であり、もう一つは子どものやる気を引き出すための言葉の工夫です。

本書を読んで、これら二つの工夫に心がけるようになれば、もう子どもをいたずらに叱るようなことはしなくなります。そして、親子ともども毎日楽しく明るい気持ちで生活できるようになります。そういう幸せな生活の中で、子どもの心がすくすく育ち、能力もぐんぐん伸びます。
『サインズ・オブ・ザ・タイムズ』編集部の永田慎二さんには、三年にわたる連載で大変お世話になりました。辛抱強くおつき合いいただき、感謝感謝です。また、編集長の花田憲彦さんには、連載を一冊にまとめて出版するというありがたい機会をいただきました。両氏に深くお礼申し上げます。本当にありがとうございました。

親野智可等

親野智可等（おやの　ちから）

1958年生まれ。本名、杉山桂一。公立小学校で23年間教師を務めた。教師としての経験と知識を少しでも子育てに役立ててもらいたいと、メールマガジン「親力で決まる子供の将来」を発行。具体的ですぐできるアイデアが多いとたちまち評判を呼び、新聞、雑誌、テレビ、ラジオなど各メディアで絶賛される。また、子育て中の親たちの圧倒的な支持を得て、まぐまぐメルマガ大賞の教育・研究部門で５年連続第1位に輝いた。ブログ「親力講座」もアクセス急増中。人気マンガ「ドラゴン桜」の指南役としても知られる。退職後は、全国各地のＰＴＡや市町村の教育講演、本の執筆に精力的に取り組んでいる。『「親力」で決まる！』(宝島社)、『「叱らない」しつけ』『「自分でグングン伸びる子」が育つ親の習慣』(以上ＰＨＰ文庫）などベストセラー多数。

講演依頼とメルマガ登録はホームページから。
www.oyaryoku.jp/　親力　検索

子どもを伸ばす親の力

2016年12月1日　初版第1刷　発行

［著　者］親野智可等
［発行者］島田真澄
［発行所］福音社
〒190-0011　東京都立川市高松町3-21-4-202
Tel 042-526-7342　Fax 042-526-6066
［印刷所］㈱平河工業社

ISBN978-4-89222-486-7